COMÉDIES
ET PROVERBES

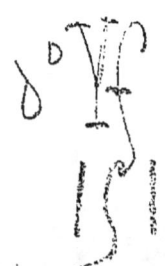

OUVRAGES DE Mme LA COMTESSE DE SÉGUR

PUBLIÉS PAR LA LIBRAIRIE HACHETTE ET Cie

BIBLIOTHÈQUE ROSE ILLUSTRÉE

Format in-18 jésus, broché

Après la pluie le beau temps, avec 128 vignettes............	2 25
Comédies et proverbes, avec 60 vignettes.................	2 25
Diloy le Chemineau, avec 90 vignettes...................	2 25
François le Bossu, avec 114 vignettes....................	2 25
Jean qui grogne et Jean qui rit, avec 70 vignettes.......	2 25
La Fortune de Gaspard, avec 52 vignettes................	2 25
La sœur de Gribouille, avec 70 vignettes................	2 25
L'auberge de l'Ange gardien, avec 75 vignettes...........	2 25
Le général Dourakine, avec 100 vignettes................	2 25
Les bons enfants, avec 70 vignettes.....................	2 25
Les deux nigauds, avec 76 vignettes.....................	2 25
Les malheurs de Sophie, avec 48 vignettes...............	2 25
Le mauvais génie, avec 90 vignettes.....................	2 25
Les petites filles modèles, avec 21 vignettes............	2 25
Les vacances, avec 56 vignettes.........................	2 25
Mémoires d'un âne, avec 75 vignettes....................	2 25
Nouveaux contes de fées, avec 46 vignettes..............	2 25
Quel amour d'enfant! avec 79 vignettes..................	2 25
Un bon petit diable, avec 100 vignettes.................	2 25
Pauvre Blaise, avec 76 vignettes........................	2 25

La reliure en percaline gaufrée rouge se paye en sus : tranches jaspées, 1 fr. tranches dorées, 1 fr. 25

Format in-8°, broché

La Bible d'une grand'mère, avec 50 gravures.............	10 »
Evangile d'une grand'mère, avec 50 gravures.............	10 »
Les Actes des Apôtres, avec 10 gravures.................	10 »

Évangile d'une grand'mère, édition classique, in-12 cart.	1 50
La santé des enfants, in-18 raisin, broché...............	» 50

12239. — Imprimerie A. Lahure, rue de Fleurus, 9, à Paris.

COMÉDIES
ET PROVERBES

PAR

Mme LA COMTESSE DE SÉGUR

NÉE ROSTOPCHINE

ILLUSTRÉS DE 60 VIGNETTES SUR BOIS

PAR É. BAYARD

NOUVELLE ÉDITION

PARIS
LIBRAIRIE HACHETTE ET Cie
79, BOULEVARD SAINT-GERMAIN, 79

1885

Droits de propriété et de traduction réservés

A MA PETITE-FILLE

HENRIETTE FRESNEAU

Chère enfant, voici un volume que je te dédie. Je désire qu'il t'amuse, et que tes amis te reconnaissent dans les bonnes petites filles que j'ai mises en scène. C'est à cause de tes bonnes et aimables qualités, que ma tendresse pour toi ne vieillit pas et qu'elle se maintiendra la même jusqu'au dernier jour de ma vie.

Ta Grand'mère,

Comtesse DE SÉGUR,

Née Rostopchine.

LES CAPRICES
DE GIZELLE

COMÉDIE EN DEUX ACTES

PERSONNAGES.

M. GERVILLE, 30 ans.
LÉONTINE, sa femme, 23 ans.
GIZELLE, leur fille, 6 ans.
BLANCHE, 15 ans,
LAURENCE, 13 ans, } sœurs de Léontine.
PIERRE, leur frère, 25 ans.
LOUIS, 15 ans,
JACQUES, 13 ans, } leurs cousins.
PAUL, 11 ans,
PASCAL, domestique, 42 ans.
JULIE, bonne de Gizelle, 30 ans.

ACTE PREMIER.

SCÈNE I.

BLANCHE et LAURENCE *sont assises près d'une table; elles travaillent.*

BLANCHE.

As-tu bientôt fini ton jupon?

LAURENCE.

Non, pas encore. (*Elle bâille.*) Comme c'est ennuyeux à coudre! l'étoffe est si épaisse! j'ai le doigt tout abîmé!

BLANCHE.

Mon ouvrage, à moi, n'est pas plus agréable! il faut piquer le corsage: c'est dur! j'ai déjà cassé trois aiguilles.

LAURENCE.

Nous menons une bien triste existence depuis la mort de pauvre maman! Toujours travailler pour la poupée de Gizelle! toujours être à ses ordres!

BLANCHE.

Et Léontine ne veut pas comprendre que c'est ennuyeux pour nous; que nous perdons notre temps; que nous n'apprenons rien!

LAURENCE.

Et comme c'est amusant d'aller aux Tuileries avec Gizelle pour jouer avec des enfants de quatre à six ans!

BLANCHE.

Et les bonnes qui veulent toujours que nous cédions aux enfants, que nous fassions toutes leurs volontés.

LAURENCE.

Et tous les jours, tous les jours la même chose!... Je vais me reposer pendant que nous sommes seules! C'est fatigant de toujours travailler! (*Elle pose son ouvrage et se met à l'aise dans un fauteuil.*)

BLANCHE.

Je vais faire comme toi; d'ailleurs j'ai presque fini ce corsage! (*Elle pose son corsage près de la poupée et se repose comme Laurence; toutes deux ne tardent pas à s'endormir.*)

SCÈNE II.

Les précédentes, GIZELLE.

GIZELLE *s'approche de ses tantes, les regarde avec étonnement, et dit tout bas :*

Elles dorment, les paresseuses! C'est bon, je vais prendre le jupon et le corsage et je vais les mettre à ma poupée (*Elle prend les vêtements non achevés, et veut les mettre à la poupée; elle se pique le doigt avec l'aiguille restée dans le corsage et se met à crier.*

BLANCHE ET LAURENCE, *se réveillant en sursaut.*

Qu'est-ce que c'est? Qui est-ce qui crie? C'est toi, Gizelle? Qu'as-tu?

GIZELLE, *tapant Blanche.*

Méchante! vilaine! tu m'as piquée! Tu m'as fait mal! J'ai du sang.

BLANCHE.

Comment du sang? Pourquoi?

GIZELLE *pleurant.*

Parce que tu m'as piquée, méchante?

BLANCHE.

Moi? je t'ai piquée? je ne t'ai pas touchée seulement!

GIZELLE.

Si! tu m'as piquée! j'ai du sang!

LAURENCE.

Mais ce n'est pas Blanche ni moi qui t'avons piquée! C'est toi-même.

GIZELLE.

Tu es une menteuse! et je vais le dire à maman.

BLANCHE.

Parce que tu espères nous faire gronder!

GIZELLE.

Oui, et tant mieux! Je serais très-contente!

LAURENCE.

C'est méchant ce que tu dis là, Gizelle. Et pour la peine tu n'auras pas ta poupée.

GIZELLE, *criant.*

Je veux ma poupée. (*Elle cherche à la prendre*).

LAURENCE.

Je te dis que tu ne l'auras pas. (*Gizelle saisit la poupée par la tête et tire; Laurence retient la poupée par les jambes; la tête se détache; Gizelle tombe, et en tombant brise la tête de la poupée.*

GIZELLE, *criant.*

Maman! maman! au secours! Blanche et Laurence m'ont piquée; elles ont cassé ma poupée!

SCÈNE III.

Les précédentes; LÉONTINE, *accourant.*

LÉONTINE.

Qu'est-ce que tu as, mon petit trésor? Pourquoi pleures-tu?

GIZELLE.

Blanche et Laurence m'ont fait piquer; Laurence a cassé ma poupée.

LÉONTINE, *la prenant dans ses bras et l'embrassant.*

Ne pleure pas, mon ange, mon pauvre souffre-douleur! Tes tantes te donneront sur leur argent de poche une nouvelle poupée, bien plus jolie. Et comment t'es-tu piquée, chérie?

GIZELLE.

Elles ont mis des aiguilles dans les habits de ma poupée pour que je me pique.

BLANCHE.

Pas du tout, Gizelle; tu es venue les prendre et tu t'es piquée toi-même

« Maman! maman! au secours! » (Page 8.)

LÉONTINE, *sèchement*.

Mais, Blanche, si tu n'avais pas laissé ton aiguille dans l'ouvrage, la pauvre petite ne se serait pas piquée.

BLANCHE.

C'est vrai, ma sœur; mais pourquoi touche-t-elle à notre ouvrage?

LÉONTINE.

Votre ouvrage est à elle puisque ce sont des vêtements pour sa poupée.

LAURENCE.

Ah bien! si elle veut y toucher pendant que nous y travaillons, elle se piquera, voilà tout. Seulement elle ne doit pas crier et dire que c'est notre faute.

LÉONTINE.

C'est aimable ce que tu dis! Vous êtes toujours à taquiner cette pauvre petite; et quand vous l'avez bien agacée et fait pleurer, vous dites qu'elle est méchante et insupportable.

BLANCHE.

Si tu la voyais dans ses moments de colère et de méchanceté, tu ne la trouverais pas si gentille et si à plaindre.

LÉONTINE.

Je suis avec elle tout aussi bien que toi, et je vois que c'est toujours vous qui la taquinez. Au reste, pour expier cette dernière scène, vous allez de suite finir la robe que vous faisiez quand la pauvre Gizelle est entrée.

GIZELLE.

Et puis je veux une capeline pour ma poupée.

LÉONTINE.

Oui, mon ange. (*A ses sœurs:*) Vous ferez de plus une petite capeline en taffetas blanc.

GIZELLE, *à Laurence.*

Je veux qu'elle soit garnie de velours.

LAURENCE, *avec humeur.*

Elle sera comme on te la fera.

LÉONTINE.

Jolie manière de répondre! Viens, ma pauvre Gizelle, viens avec moi!

GIZELLE.

Non; je veux rester ici à les regarder travailler.

LÉONTINE.

Elles vont encore te faire pleurer.

GIZELLE.

Si elles me font pleurer, je les ferai gronder. Allez, maman, allez, je le veux. (*Léontine rit, l'embrasse, et sort en lui envoyant des baisers.*)

SCÈNE IV.

LES PRÉCÉDENTES, *moins Léontine.*

(*Blanche s'assied devant la table et prend un livre dont elle tourne les pages sans les lire. Laurence s'étale dans un fauteuil.*)

GIZELLE, *les regardant.*

Hé bien! et ma robe donc? Et ma capeline?

LAURENCE.

Laisse-nous tranquilles avec ta poupée! Dis à ta bonne de lui faire ses robes, si tu veux les avoir.

GIZELLE.

Méchante! je veux que tu fasses ma robe! Maman te l'a ordonné!

LAURENCE.

Ta maman n'est pas ma maman! Et d'ailleurs si elle savait comme tu es méchante et menteuse, elle ne t'écouterait pas comme elle fait.

GIZELLE.

Si tu ne fais pas ma robe et ma capeline, je le dirai à maman.

LAURENCE.

Dis ce que tu voudras et laisse-moi tranquille. (*Gizelle s'approche de Blanche, lui arrache son livre, et déchire les pages. Blanche s'élance sur Gizelle, lui reprend son livre et la pousse; Gizelle tombe sur le canapé.*)

BLANCHE.

Tu as fait une jolie chose! Tu as déchiré le livre de ton papa, un livre magnifique, plein d'images!

GIZELLE, *se relevant.*

Ce n'est pas moi! C'est ta faute!

BLANCHE, *surprise.*

Ma faute? C'est joli, par exemple! C'est toi qui es venue me l'arracher d'entre les mains.

GIZELLE.

Pourquoi lisais-tu? Pourquoi ne travaillais-tu pas?

BLANCHE.

Ah! tu m'ennuies à la fin! Tiens, voilà ta robe, et va-t'en! (*Blanche lui jette à la tête la robe de la poupée.*)

GIZELLE, *se sauve en criant.*

Je vais le dire à maman.

SCÈNE V.

BLANCHE, LAURENCE.

LAURENCE.

Elle va encore aller se plaindre à Léontine!

BLANCHE.

Que veux-tu? C'est trop ennuyeux aussi d'obéir à cette petite fille de cinq ans, dont nous sommes les tantes par le fait, et qui nous devrait le respect.

LAURENCE.

Je m'étonne que Léontine ne soit pas déjà accourue pour nous gronder et nous punir.... Je crois que je l'entends.

SCÈNE VI.

La porte s'ouvre : LOUIS, JACQUES ET PAUL *entrent.*

BLANCHE.

Ah! quel bonheur! mes cousins!

LOUIS.

Bonjour, mes bonnes cousines! Pourquoi êtes-vous enfermées par ce beau temps?

LAURENCE.

Toujours à cause de Gizelle; ma sœur veut que nous travaillions pour la poupée.

JACQUES.

Vous êtes bien bonnes, par exemple! Allez vous promener, et laissez là Gizelle et sa poupée!

BLANCHE.

Et comment veux-tu que nous nous promenions! Il n'y a qu'une bonne pour nous trois; elle fait toutes les volontés de Gizelle pour flatter Léontine et pour en soutirer des présents.

PAUL.

Et vous allez passer toute la matinée enfermées?

BLANCHE.

Il le faut bien, à moins que Gizelle ne veuille sortir; alors nous sommes obligées de l'amuser avec les amies de son âge qu'elle rencontre aux Tuileries.

LOUIS.

Mais c'est insupportable! Il faudrait l'envoyer promener.

BLANCHE.

Et ma sœur donc? Que dirait-elle?

JACQUES.

Écoute! J'ai une idée! Nous voici en force maintenant! Si nous jouions un tour à Gizelle?

BLANCHE.

Ce ne serait qu'une vengeance inutile et méchante.

JACQUES.

Mais non, ce serait pour la corriger.

BLANCHE.

Qu'est-ce que tu voudrais donc faire?

JACQUES.

Je ne sais pas encore? Nous pourrions nous consulter.

PAUL.

C'est cela ! Nous pourrions nous couvrir de choses noires effrayantes et nous jeter sur elle comme des ours.

BLANCHE.

Non, je ne veux pas de cela, parce que cela lui ferait trop peur.

JACQUES.

Eh bien ! si nous nous cachions pendant qu'elle sera avec vous deux Blanche et Laurence ; vous l'agacerez un peu ; et quand elle sera méchante, nous nous jetterons sur elle et nous la fouetterons avec nos mouchoirs.

BLANCHE.

Non, non ! il ne faut pas lui faire mal.

LOUIS.

Mais alors, si tu ne veux pas qu'on lui fasse peur, si tu ne veux pas qu'on lui fasse mal, comment veux-tu la corriger ?

BLANCHE.

En donnant une leçon qui lui fasse comprendre que c'est vilain de nous faire gronder, de toujours se plaindre de nous, de nous forcer à faire ses volontés, de faire de nous ses esclaves enfin.

LOUIS.

Et tu crois qu'elle comprendra ? Une méchante petite fille gâtée ne se corrige que par les punitions. Il faut que ce soit sa maman qui la punisse et qui la gronde.

BLANCHE.

Ah ! par exemple ! Léontine trouve tout ce que fait Gizelle charmant et parfait ; elle croit tout ce que Gizelle lui dit; elle veut que tout le monde lui cède. Et mon beau-frère est encore pis que Léontine.

LAURENCE.

Écoute! J'ai aussi une idée. Disons à Gizelle de demander à Léontine un bon goûter. Laissons-la manger toute seule sans s'inquiéter que nous n'ayons rien, nous autres. Elle sera honteuse, et ce sera une leçon qui lui profitera.

LOUIS.

Je ne demande pas mieux; seulement, je crois qu'elle n'en sera que plus méchante.

JACQUES.

Et puis, ce qui est très-ennuyeux, c'est qu'elle mangera tout et ne nous laissera rien.

PAUL.

Et puis, sa bonne et sa maman ne la laisseront pas trop manger, de peur qu'elle ne se rende malade.

LAURENCE.

Oh! quant à cela, je te réponds qu'elle mangera tout ce qu'elle voudra et tant qu'elle voudra. Pour nous autres, je demanderai à Pascal de nous réserver en cachette notre part du goûter; il servira devant Gizelle de quoi faire de très-petites parts à chacun; Gizelle les mangera toutes, et c'est ce qui fera la leçon.

LOUIS.

Je ne crois pas que ce soit une très-bonne leçon mais nous pouvons toujours l'essayer.

JACQUES.

Oui, très-bien! Maintenant que nous sommes sûrs d'avoir notre part du goûter par Pascal, nous ne ris-

2

quons rien de laisser Gizelle dévorer tout ce qu'il servira.

LAURENCE.

Chut! Je l'entends! Soyons tous charmants, pour la maintenir de bonne humeur.

SCÈNE VII.

LES PRÉCÉDENTS, GIZELLE.

(Elle entre doucement pour voir ce qu'on fait; elle aperçoit ses cousins et s'arrête. Paul, Jacques et Louis courent à elle.)

PAUL, *l'embrassant.*

Bonjour, ma petite Gizelle; nous sommes venus te voir.

JACQUES, *l'embrassant.*

Ma petite Gizelle, nous avons bien faim; veux-tu nous faire donner à goûter?

LOUIS, *l'embrassant.*

Ma petite Gizelle, tu nous feras donner de bonnes choses, n'est-ce pas? Des cerises! des abricots! des pêches!

JACQUES.

De la crème!

PAUL.

Des gâteaux!

LOUIS.

Des compotes!

GIZELLE.

Oui, oui, vous aurez tout; je vais le dire à Pascal.

BLANCHE.

Mais si tu demandais la permission à ta maman?

GIZELLE.

Ah bah! ce n'est pas la peine! Maman me laisse faire ce que je veux!

LAURENCE.

Veux-tu que je dise à Pascal qu'il vienne te parler, ma petite chérie?

GIZELLE.

Non, je ne veux pas; je veux sonner moi-même. (*Elle sonne.*)

SCÈNE VIII.

LES PRÉCÉDENTS, PASCAL.

PASCAL.

Vous avez sonné, mesdemoiselles?

GIZELLE.

C'est moi! Je veux que vous m'apportiez à goûter. Beaucoup de choses.

PASCAL, *mécontent*.

Ce n'était pas la peine de me déranger, mademoiselle Gizelle; votre bonne aurait pu venir chercher ce qu'il vous faut.

GIZELLE.

Je veux beaucoup de choses : des gâteaux! des cerises! des abricots! de la crème! des compotes!

PASCAL.

Oh! oh! mademoiselle Gizelle, vous êtes trop ambitieuse ! je ne vous donnerai pas tout cela. Du pain et des cerises, ce sera bien assez.

GIZELLE.

Je veux tout ! Je le veux, ou je le dirai à maman. (*Laurence parle bas à Pascal, qui sourit et secoue la tête.*)

PASCAL.

Je crois que cela va faire une mauvaise affaire. Mais.... je veux bien, moi ! Du moment que tout le monde est d'accord ! (*Il sort. Jacques le suit.*)

SCÈNE IX.

Les précédents.

Pascal va et vient en apportant ce qu'on a demandé; Jacques rentre avec lui, s'approche de Louis et de Paul et leur parle bas.)

GIZELLE.

Qu'est-ce que vous dites là ? Je veux que vous veniez près de moi.

LOUIS.

Oui, certainement, charmante. Nous voici tous. (*Ils l'entourent.*)

GIZELLE.

Jouons à la main chaude.

JACQUES.

Oui, ma charmante, jouons.

GIZELLE.

C'est moi qui le serai !

PAUL.

Oui, ma charmante. C'est toi! (*Gizelle se baisse en mettant la main derrière le dos. Les trois garçons tapent tous très-fort.*)

GIZELLE *se relève rouge, en colère, et se frotte la main.*

Méchantes! c'est vous!

LOUIS.

Qui, vous?

GIZELLE.

Blanche et Laurence.

JACQUES.

Non, ce n'est pas elles! Recommence. (*Gizelle se remet la main derrière le dos ; Louis lui donne une claque épouvantable ; elle se relève en colère.*)

GIZELLE, *pleurant.*

Méchants! vilains! Je ne veux plus jouer!

LOUIS, *riant.*

Pourquoi, ma charmante!

GIZELLE.

Parce que vous m'avez fait mal.

JACQUES.

Qui t'a frappée?

GIZELLE.

C'est Blanche. J'en suis sûre.

JACQUES.

Non, je t'assure que ce n'est pas elle.

PASCAL.

Le goûter est servi, mesdemoiselles et messieurs.

GIZELLE.

Tant mieux, nous ne jouerons plus. (*Pascal sert des cerises à Gizelle; elle prend toute l'assiette : la part est très-petite.*)

PASCAL.

Et ces demoiselles et ces messieurs? Vous ne leur laissez rien, mademoiselle?

GIZELLE.

Ils mangeront autre chose : il y en a trop peu. (*Les enfants se regardent et rient; Gizelle mange de chaque plat que lui sert Pascal; elle mange tout et chaque fois Pascal lui représente que les autres n'auront rien. Gizelle répond :*)

Cela ne fait rien! Ils mangeront autre chose : il y en a trop peu. (*Quand tout est fini, tous se lèvent de table et s'approchent de Gizelle.*)

LOUIS, *saluant*.

Gizelle, tu es une gourmande; tu as tout mangé sans penser à nous. Je te laisse. (*Il sort.*)

JACQUES, *saluant*.

Gizelle, tu es une égoïste; tu as tout mangé sans penser à nous. Je te laisse. (*Il sort.*)

PAUL, *saluant*.

Gizelle, tu es une méchante, tu as tout mangé, sans penser que nous aussi nous avions faim. Je te laisse. (*Il sort.*)

BLANCHE, *saluant*.

Gizelle, tu es une mauvaise fille; tu ne penses qu'à toi. Je te laisse. (*Elle sort.*)

LAURENCE, *saluant*.

Gizelle, tu me fais toujours gronder; je ne t'aime pas. Je te laisse. (*Elle sort.*)

PASCAL.

Mademoiselle Gizelle, vous n'avez pas écouté ce que je vous disais. Vous voilà abandonnée de tous.

« Non, ce n'est pas elle ! Recommence. » (Page 91.)

Je vous laisse. Que le bon Dieu vous pardonne! (*Il sort.*)

SCÈNE X.

GIZELLE, seule.

(Elle est tout étonnée de les voir tous partir.)

GIZELLE.

Ils sont méchants! Ils me laissent seule! Je ne veux pas être seule, moi! Pascal! Blanche! Laurence! Je le dirai à maman! Pascal! *Elle court à la porte et cherche en vain à l'ouvrir. Elle pleure.*) Blanche! Laurence! Méchantes! Je vais leur abîmer leurs affaires! (*Elle prend leurs paniers à ouvrage, jette tout par terre, piétine les paniers et tout ce qu'ils contenaient; elle pousse un cri et tombe par terre; Pascal entre.*)

PASCAL.

Qu'est-ce que c'est, mademoiselle Gizelle? De la colère? Hé?...

GIZELLE, *criant*.

Mon pied! mon pied! Elles m'ont fait mal au pied. (*Pascal regarde le pied que Gizelle tient en l'air; il retire une grosse aiguille entrée dans la semelle du soulier.*)

PASCAL.

Voilà, mademoiselle! Ce ne sera rien! C'était une aiguille qui vous piquait. Pourquoi, aussi, avez-vous tout jeté et écrasé? C'est le bon Dieu qui vous punit.

GIZELLE, *pleurant.*

Je ne veux pas que le bon Dieu me punisse.

PASCAL.

Ah! mademoiselle, il faut pourtant bien que vous preniez sa punition. Il n'y a pas à dire. Ce que le bon Dieu veut, vous ne pouvez pas l'empêcher : il faut que ça arrive.

GIZELLE.

Pourquoi ça? Je ne veux pas, moi!

PASCAL.

Que vous le vouliez ou non, ça ne fait rien à la chose, mademoiselle; le bon Dieu ne vous demandera pas la permission, allez.

GIZELLE.

Ça me fait mal, ça me fait mal.

PASCAL.

Oh que non! vous ne souffrez pas beaucoup. Une piqûre d'aiguille, ce n'est rien du tout! J'en ai eu bien d'autres, moi, quand j'étais à l'armée.

GIZELLE.

Qu'est-ce que vous avez eu?

PASCAL.

J'ai eu un coup de sabre qui m'a coupé le front et la joue.

GIZELLE.

Ce n'est pas vrai! Vous avez votre front et votre joue.

PASCAL.

Parce qu'il y a des os que le sabre n'a pu couper.

GIZELLE.

Ça m'est bien égal, vos os! J'ai bien plus mal que vous.

Mon pied ! mon pied ! » (Page 25.)

PASCAL.

Ah! mes os ne vous font rien, mademoiselle! Vous n'avez pas de cœur; c'est pourquoi le bon Dieu vous punit. Je vais vous envoyer votre bonne et vous vous arrangerez avec elle comme vous voudrez.

GIZELLE.

Je ne veux pas ma bonne; je veux maman.

PASCAL.

Votre maman est sortie. (*Il sort.*)

SCÈNE XI.

GIZELLE *toujours par terre*, JULIE.

JULIE.

Qu'est-ce qui vous arrive, ma pauvre Gizelle? Pascal me dit que vous êtes blessée.

GIZELLE, *faisant semblant de pleurer.*

J'ai mal! très-mal! Mon pied est percé.

JULIE, *effrayée.*

Percé! Comment? Par qui? par quoi?

GIZELLE, *pleurnichant.*

C'est Blanche et Laurence! avec une grosse aiguille.

JULIE, *étonnée.*

Blanche et Laurence! Avec une aiguille? C'est impossible? Pourquoi vous êtes-vous laissé faire?

GIZELLE, *pleurnichant.*

Parce que je ne savais pas.

JULIE.

Quoi? Qu'est-ce que vous ne saviez pas?

GIZELLE, *changeant de ton.*

Laisse-moi tranquille! Tu m'ennuies, et je le dirai à maman.

JULIE.

Qu'est-ce que vous direz? Je ne comprends rien à ce que vous me dites.

GIZELLE.

Je te dis que tu m'ennuies, que je dirai à maman de ne pas te donner la robe que tu veux avoir, et que je ne te ferai plus rien donner par maman ni papa.

JULIE, *câlinant Gizelle.*

Oh! Gizelle! ma petite Gizelle! Ne faites pas ça? Comment auriez-vous le cœur de chagriner votre pauvre Julie qui vous aime tant! Voyons, dites-moi ce que vous voulez, ce que vous désirez. Dites-le, je ferai tout ce que vous me commanderez de faire.

GIZELLE.

Je veux que tu dises comme moi à maman.

JULIE.

Je ne demande pas mieux, mon pauvre ange. Mais que direz-vous, et que faut-il que je dise?

GIZELLE.

Tu diras comme moi que c'est Blanche et Laurence qui m'ont percé le pied.

JULIE.

Oui, mon trésor. Soyez tranquille. Seulement vous m'expliquerez....

SCÈNE XII.

Les précédentes, LÉONTINE.

GIZELLE.

Maman, maman! Blanche et Laurence m'ont percé le pied.

LÉONTINE, *poussant un cri.*

Percé le pied! A toi! pauvre enfant! Avec quoi? Pourquoi?

GIZELLE.

Avec une grosse aiguille.

LÉONTINE.

Mais comment ont-elles fait? Je ne comprends pas. Est-ce vrai, Julie?

JULIE.

Oui, madame, très-vrai. (*A part.*) Cette méchante enfant me fait mentir que j'en suis honteuse!

LÉONTINE.

Expliquez-moi comment c'est arrivé. Je ne puis comprendre.

JULIE, *bas à Gizelle.*

Dites vous-même, vite, ma petite chérie. Je n'y étais pas, vous savez. (*Gizelle se tait et sourit d'un air de triomphe.*)

LÉONTINE, *à Julie.*

Eh bien! Julie, répondez donc! Comment et avec quoi Blanche et Laurence ont-elles percé le pied de ma pauvre petite?

JULIE.

Ma foi, madame, je n'en sais rien. Je ne puis rien dire à madame.

LÉONTINE.

Vous ne pouvez rien dire! Et pourquoi me dites-vous que c'est très-vrai, comme si vous y étiez?

GIZELLE.

Maman, c'est qu'elle m'a laissée toute seule avec Blanche, Laurence et mes trois cousins, et qu'elle a peur que vous ne la grondiez et que vous ne lui donniez pas la robe que je vous ai demandée pour elle.

JULIE, *à part*.

Méchante petite fille! Si je peux la démasquer, je le ferai certainement.

LÉONTINE.

Mais, ma pauvre enfant, as-tu essayé de marcher? Peux-tu appuyer ton pied par terre?

GIZELLE.

Je ne sais pas, maman. Je n'ai pas encore essayé. (*Elle se relève, fait semblant de ne pas pouvoir se tenir, et retombe dans les bras de sa maman.*)

LÉONTINE, *désolée*.

Pauvre enfant! Et ces vilaines filles, où sont-elles? Julie, allez me les chercher et envoyez-moi Pascal. (*Julie sort.*)

SCÈNE XIII.

LÉONTINE, GIZELLE, *un instant après* PASCAL.

(*Léontine couche Gizelle sur un canapé, lui ôte son brodequin et veut lui ôter son bas.*)

GIZELLE, *se débattant*.

Je ne veux pas qu'on ôte mon bas; je ne veux pas qu'on me touche.

LÉONTINE.

Mais, mon ange, c'est pour voir ta plaie et mettre quelque chose dessus. (*Gizelle continue à se débattre et Léontine à vouloir la déchausser. Pascal entre; après avoir regardé un instant d'un air un peu moqueur, il dit :*)

PASCAL.

Madame m'a demandé?

LÉONTINE.

Oui, Pascal; courez vite chercher le médecin.

PASCAL, *souriant*.

Est-ce que madame est malade?

LÉONTINE.

Pas moi, Pascal, mais ma pauvre petite, qui a une blessure au pied. Vite, vite, Pascal. Allez, courez.

PASCAL, *souriant*.

Madame a-t-elle vu la blessure de mademoiselle? Je demande bien pardon si je n'obéis pas à madame, mais je crois que Mlle Gizelle n'a rien du tout et qu'un médecin n'aura rien à y faire en bon.

LÉONTINE, *vivement*.

Comment rien du tout? Vous appelez le pied percé rien du tout.

PASCAL, *avec calme*.

Que madame soit tranquille! J'étais là! Ce n'est rien! C'est moi qui ai retiré l'aiguille que mademoiselle s'était enfoncée dans le pied en piétinant sur les affaires de ces demoiselles, et j'ai bien vu, en retirant l'aiguille, qu'il n'y avait pas grand mal.

LÉONTINE, *très-surprise*.

Je ne comprends pas! Gizelle m'a dit que c'était Blanche et Laurence qui lui avaient percé le pied.

PASCAL.

Non, madame, c'est faux! Ces demoiselles n'étaient même pas dans la chambre; elles étaient sorties avec leurs cousins. J'étais ici à côté, et j'entendais ce que disait et faisait Mlle Gizelle. Je suis entré quand elle a poussé un cri, et j'ai de suite retiré l'aiguille.

LÉONTINE.

Vous voyez bien qu'elle s'est fait mal. Et pourquoi l'a-t-on laissée seule, la pauvre petite? Toute seule? Mes sœurs sont si méchantes pour elle, que je ne sais qu'y faire, en vérité.

PASCAL.

Pardon, madame, si je rétablis les faits. C'est Mlle Gizelle qui est rageuse et.... pas trop bonne; ces demoiselles sont bien complaisantes pour elle, bien aimables; mais Mlle Gizelle n'est pas facile à contenter; elle les bouscule et les tarabuste. Parfois même elle les frappe; et ces pauvres demoiselles sont bien douces; jamais elles ne lui rendent les claques et les mauvaises paroles qu'elles reçoivent.

LÉONTINE.

Vous trouvez peut-être que c'est bon et aimable à elles d'avoir laissé ma pauvre Gizelle toute seule?

PASCAL.

Pardon, madame, c'était de bonne guerre. Mlle Gizelle venait de manger à elle seule le goûter que j'avais servi pour tous; ils n'ont pas été contents, comme de juste, et ils sont partis pour aller manger à leur tour.

GIZELLE, *pâle et d'une voix faible.*

Maman, je suis malade!

LÉONTINE.

Malade, mon enfant! ma chérie! Allez vite, Pascal, chercher un médecin. (*Voyant que Pascal veut parler.*) Et je vous prie de garder vos raisonnements pour vous. (*Pascal sort en levant les épaules.*)

SCÈNE XIV.

LÉONTINE, GIZELLE.

(Gizelle devient de plus en plus pâle et glacée.)

LÉONTINE, *effrayée, désolée, court à la porte, à la fenêtre ouverte en criant:*

Julie! Blanche! Laurence! (*La bonne arrive et emporte Gizelle au moment où Blanche, Laurence et leurs cousins entrent au salon.*)

LAURENCE, *effrayée.*

Qu'y a-t-il donc? Pourquoi Julie emporte-t-elle Gizelle?

LÉONTINE, *hors d'elle.*

Il y a, mesdemoiselles, que c'est votre méchante et horrible conduite qui fera mourir mon enfant, ma Gizelle chérie, ma douce et bonne Gizelle, votre victime de tous les jours!

BLANCHE.

Ma pauvre sœur, la douleur t'aveugle! De quelle horrible conduite veux-tu parler? De quelle victime? Je n'y comprends rien.

LÉONTINE, *de même.*

Joignez l'ironie et l'hypocrisie à la cruauté, mesdemoiselles. Mais sachez que ma patience se lasse et s'épuise à la longue; et que, maîtresse de votre destinée, je saurai vous punir comme vous le méritez. (*Elle sort, tous les enfants restent ébahis.*)

SCÈNE XV.

Les précédents, *moins Léontine et Gizelle.*

LOUIS.

Ah çà! mais, que veut dire tout cela? Léontine est folle! Qu'arrive-t-il donc à sa Gizelle?

JACQUES.

Il arrive que Gizelle aura probablement été punie de sa gloutonnerie; que son énorme goûter lui aura tourné sur le cœur, et qu'elle est en train de rendre ce qu'elle nous a enlevé injustement et méchamment.

PAUL.

Et c'est bien fait! Ce n'est pas moi qui la plaindrai.

La bonne arriva et emporta Gizelle. (Page 35.)

LAURENCE.

Je crains d'avoir eu une fâcheuse idée et qu'elle ne soit réellement très-malade.

LOUIS.

Ah bah! ce ne sera rien! Une indigestion, voilà tout! Ce que je crains, moi, c'est que la leçon ne lui profite pas.

JACQUES.

Et qu'elle ne soit plus méchante qu'auparavant.

BLANCHE.

Nous ne sommes pas heureuses! Que sera-ce si Gizelle devient plus méchante?

LOUIS.

Écoute donc, si vous êtes malheureuses, il faut vous plaindre à votre beau-frère, le mari de Léontine.

BLANCHE.

Mon beau-frère! il est pis que Léontine pour Gizelle. Je crois, en vérité, que si Gizelle lui disait de nous chasser et nous jeter dans la rue, il le ferait.

PAUL.

Mais pourquoi n'écririez-vous pas à votre frère Pierre, qui vous aime tant!

BLANCHE.

Pierre vient de se marier, tu sais bien! Il est chez les parents de sa femme, et nous ne voulons pas le troubler par nos plaintes.

LAURENCE.

Et puis, ma belle-sœur Noémi est si jeune. Que veux-tu qu'elle fasse pour nous?

LOUIS.

Elle est très-jeune, je le sais bien, mais elle est

votre amie depuis longtemps; elle fera tout ce qu'elle pourra pour vous aider à sortir de chez Léontine; Pierre, d'ailleurs, a de l'autorité sur vous comme frère aîné. Je t'assure que tu feras bien de lui écrire.

BLANCHE.

Si tu savais comme il me répugne de me plaindre de Léontine et de son mari!

JACQUES.

Plains-toi de Gizelle, ce sera plus facile!

BLANCHE.

Oui, mais Gizelle n'est méchante pour nous et ne nous rend malheureuses que parce qu'on la gâte horriblement; les méchancetés de Gizelle retombent donc sur Léontine.

JACQUES, *bas à Louis et à Paul.*

Ne leur dis plus rien; écrivons nous-mêmes à Pierre. Nous signerons la lettre tous les trois, et nous raconterons ce que nous avons vu et entendu depuis six mois.

PAUL, *bas à Louis et à Jacques.*

Tu as raison, c'est plus sûr! C'est toi, Louis, qui écriras la lettre, et nous la signerons avec toi.

LAURENCE.

Que dites-vous là-bas? Si vous complotez quelque chose, dites-le-nous, pour ne pas rendre notre position plus mauvaise et plus triste en voulant l'améliorer.

LOUIS.

Non, non, soyez tranquilles, pauvres cousines; nous ne ferons rien qui puisse vous nuire.

SCÈNE XVI.

Les précédents, PASCAL.

PASCAL.

Je viens de ramener le médecin que madame a demandé ; mais je crois qu'il sera venu pour rien, car Mlle Gizelle n'a qu'une indigestion.

LAURENCE.

Mon Dieu ! que je suis fâchée de l'avoir laissée tout manger ! C'est ma faute ! Léontine a raison de m'en vouloir.

JACQUES.

Ce n'est pas toi qui l'as forcée à manger, ma pauvre Laurence ; c'est sa gourmandise.

LOUIS.

Tu pourrais même dire sa gloutonnerie.

PASCAL.

Le bon Dieu la punit, mesdemoiselles et messieurs ; et, croyez-moi, le bon Dieu fait bien. Savez-vous ce qu'elle m'a dit tantôt quand je lui ai parlé de mon terrible coup de sabre ? (*Il imite Gizelle.*) « Ça m'est bien égal, vos os ! » C'est-il méchant ça ? Et comment voulez-vous que le bon Dieu souffre des choses pareilles sans les punir ?

SCÈNE XVII.

Les précédents, LÉONTINE, *échevelée, en larmes, accourt et se jette sur un canapé.*

LÉONTINE.

Ma fille! Mon enfant! Ma Gizelle bien-aimée! Elle va mourir! Je vais la perdre! Mon enfant! Mon enfant! (*Elle s'affaisse sur les coussins.*)

BLANCHE, *la soutenant dans ses bras.*

Léontine! Ma sœur! Ne t'effraye pas! Une indigestion ne fait pas mourir!

LÉONTINE *la repousse avec violence.*

Laisse-moi! Va-t'en! Tu me fais horreur! Ne me touche pas! Ne m'approche pas! Toutes deux vous avez empoisonné la vie de ma pauvre enfant! Et, à présent qu'elle va mourir, vous osez me parler avec affection, vous cherchez à me consoler!

LOUIS.

Ma chère Léontine, qu'a donc la pauvre Gizelle pour vous avoir tant effrayée?

LÉONTINE.

Des vomissements effroyables! Elle a déjà rempli une cuvette des choses que lui ont fait manger (de force, peut-être) Blanche et Laurence.

LOUIS.

Ma pauvre Léontine, la chère petite Gizelle a un peu trop mangé, il est vrai, mais Blanche et Laurence

LES CAPRICES DE GIZELLE. 43

n'y sont pour rien; Pascal a voulu l'empêcher, elle ne l'a pas écouté; rassurez-vous, Léontine, la même chose m'est arrivée il y a deux ans; j'ai été bien malade; on m'a donné du thé léger, et je n'en suis pas mort, comme vous voyez.

LÉONTINE.

Mais elle ne veut rien prendre !

LOUIS.

Elle sera un peu plus longtemps malade, voilà tout.

LÉONTINE.

Tu crois? C'est vrai, une indigestion ne tue pas ! J'avais perdu la tête ! Cette chère petite est mon trésor, ma vie ! Dès qu'elle a la moindre chose, je ne sais plus ce que je dis, ce que je fais. Merci, mon bon Louis. (*Elle l'embrasse.*) Tu m'as rendu mon courage et ma raison.

BLANCHE, *timidement*.

Ma sœur ! (*Léontine la regarde avec colère.*)

LÉONTINE.

Laisse-moi ! Laissez-moi, vous autres. Je ne veux ni vous voir, ni vous entendre. (*Elle sort.*)

SCÈNE XVIII.

LES PRÉCÉDENTS ET PASCAL, *qui rentre*.

PASCAL.

Le médecin la trouve malade, tout de même, elle a eu comme des convulsions ; il lui trouve de la fièvre, et les vomissements reviennent de temps à autre; il y a encore quelque chose dans son sac. — Mais qu'avez-vous à pleurer, mesdemoiselles? Ce n'est pas le chagrin, je pense?

BLANCHE, *pleurant*.

Ma sœur ne veut plus nous voir : qu'allons-nous devenir? Que va-t-on faire de nous?

LAURENCE, *pleurant*.

Et tout cela est de ma faute; j'aurais pu empêcher Gizelle de manger autant.

JACQUES.

Tu ne l'aurais pas empêchée, et personne au monde ne l'aurait empêchée.

PASCAL.

Puisque moi, mademoiselle, elle ne m a pas écouté. A chaque assiette je lui disais : « C'est trop, mademoiselle; il n'en restera plus pour les autres. » — Qu'est-ce qu'elle répondait? — « Ça m'est égal, les autres! » Allez, mademoiselle, avec un cœur comme celui-là, il n'y a rien à faire! Et surtout il n'y a pas de reproches à se faire!

SCÈNE XIX.

Les précédents, JULIE.

JULIE.

Mlle Gizelle est un peu mieux, mesdemoiselles; elle s'est endormie.

BLANCHE.

Et ma sœur est-elle plus tranquille?

JULIE.

Oh oui, mademoiselle! Le médecin lui a dit qu'il n'y avait pas d'inquiétude à avoir.

LAURENCE.

Pouvons-nous aller chez elle?

JULIE.

Oh non! mademoiselle! Elle est toujours furieuse après vous! Et monsieur! Il dit que s'il vous voyait, il vous casserait sa canne sur le dos.

BLANCHE.

Mon Dieu, mon Dieu! qu'allons-nous devenir? (*Elle pleure ainsi que Laurence; les trois cousins se groupent autour d'elles, les embrassent, les consolent. Julie sort.*)

JACQUES.

Nous voici seuls et libres de parler. Blanche et Laurence, Louis va écrire à Pierre, en notre nom à tous trois, la position terrible dans laquelle vous vous trouvez chez Léontine, grâce à sa méchante Gizelle, et nous allons lui demander de vous retirer de chez votre sœur.

BLANCHE.

Non, non, Jacques! Si ma sœur et son mari viennent à le savoir, ils seront furieux et vous défendront de venir nous voir.

LOUIS.

Qui ne risque rien n'a rien! Votre vie est trop triste, trop misérable! Cela ne peut durer ainsi. Pierre vous aime tendrement! C'est lui qui est votre tuteur et votre chef de famille; et c'est lui qui doit vous tirer d'ici. Je lui recommanderai de ne pas parler de notre lettre à Léontine et à son mari. (*Tous trois disent adieu à leurs cousines et veulent sortir au moment où Léontine entre.*)

SCÈNE XX.

LES PRÉCÉDENTS, LÉONTINE.

LÉONTINE, *pâle et sévère.*
Restez, mes petits cousins; je désire que vous entendiez ce que j'ai à dire à vos cousines. (*Elle s'assied.*) Blanche et Laurence, j'ai manqué perdre ma fille, grâce à vous! — Silence! Ne m'interrompez pas! Vous auriez dû diriger cette pauvre petite, l'empêcher de suivre le penchant naturel à tous les enfants, de manger de bonnes choses avec excès. Vous ne l'avez pas fait; d'après ce qu'a pu me dire la pauvre Gizelle, vous l'avez poussée à manger, afin sans doute qu'elle fût malade et que vous fussiez ainsi débarrassées d'une tâche qui vous semble trop dure, celle de garder et de protéger une charmante enfant, qui est votre nièce, et que vous devriez aimer à ce seul titre. Pareille chose peut se renouveler, et je ne veux pas y exposer ma Gizelle chérie. Mon mari est fort irrité et ne veut plus vous voir; moi-même il me répugne de vivre avec.... avec des ennemies de mon enfant. Nous avons donc décidé, mon mari et moi, que vous entreriez au couvent de la Visitation; couvent cloîtré, dont vous ne sortirez pas, mais où vous serez très-heureuses. Point de supplications ni de larmes! Tout est inutile! C'est une chose irrévocablement décidée. Dans huit jours

vous entrerez au couvent; jusque-là vous resterez dans votre appartement, vous vous promènerez avec Julie, une heure ou deux tous les jours ; et vous ne paraîtrez pas au salon. On vous apportera à manger dans vos chambres. — Et vous, mes cousins (*elle prend une voix douce*), vous avez été bons et aimables pour Gizelle qui vous aime beaucoup. Venez la voir souvent, surtout pendant qu'elle est malade, la pauvre enfant. Adieu, mes amis, à revoir bientôt. (*Elle sort.*)]

SCÈNE XXI.

BLANCHE et LAURENCE *sanglotent;* LOUIS, JACQUES et PAUL *restent interdits et indignés.*

LOUIS.

Mes pauvres cousines ! Ne pleurez pas ! Ce ne sera pas long. Je vais de suite écrire à Pierre, et avant trois jours il sera ici ; j'en suis certain.

BLANCHE, *pleurant.*

Mon Dieu, mon Dieu ! Cette pauvre Léontine ! Quel aveuglement !

LAURENCE, *pleurant.*

Et combien elle est injuste et méchante pour nous !

BLANCHE, *pleurant.*

Ne l'accuse pas trop, Laurence ! Elle ne sait pas ce qu'elle fait. Elle est si aveuglée par son amour pour Gizelle, qu'elle n'a plus sa tête et son cœur quand il est question d'elle.

JACQUES.

Tu es bien généreuse, ma pauvre Blanche. Quant à moi, je la déteste, et je n'y remettrai pas les pieds, à moins que maman ne m'y oblige, ce que je ne crois pas.

PAUL.

Nous viendrons te voir tous les jours si maman le permet, et nous n'irons certainement pas chez Mlle Gizelle.

BLANCHE.

Et qu'avons-nous fait pour être traitées de cette manière?

LAURENCE.

Ce qui me console, c'est que Gizelle sera la première punie de sa méchanceté; car elle va s'ennuyer à mourir; elle n'aura personne pour s'amuser, personne à tourmenter, personne pour lui faire les trousseaux de ses poupées.

JACQUES.

Tant mieux! Ce sera sa punition et bien méritée.

LOUIS.

Et vous, mes pauvres cousines, sous peu de jours vous serez heureuses chez Pierre et Noémi; et nous viendrons jouir de votre bonheur et remercier Pierre de vous avoir secourues dans votre malheur et votre abandon.

BLANCHE.

Merci, mes chers amis, de votre tendresse et de vos consolantes paroles. Que Dieu vous écoute et qu'il veuille bien disposer Pierre et Noémi à nous venir en aide.

SCÈNE XXII.

Les précédents, JULIE, *ensuite* PASCAL, *qui entre sans être vu.*

JULIE.

Mesdemoiselles, Mme Gerville vous fait dire de monter dans vos chambres et d'emporter toutes vos affaires pour ne plus revenir au salon. Et vous, messieurs, Madame vous prie d'aller la rejoindre chez Mlle Gizelle, qui vous demande. (*Blanche et Laurence, sans répondre à Julie, rassemblent leurs livres et leurs paniers à ouvrage; Louis, Jacques et Paul les aident à faire leurs paquets.*)

LOUIS.

Blanche, tu oublies la robe commencée.

BLANCHE.

Je ne l'oublie pas, je la laisse; ce n'est pas à moi.

JULIE.

Vous devriez bien la finir, mademoiselle.

LAURENCE.

Chargez-vous de ce soin, vous qui êtes la bonne de Gizelle.

JULIE.

Venez-vous, messieurs? Je vous attends.

JACQUES.

C'est inutile; nous rentrons chez nous.

JULIE.

Mais, Mlle Gizelle va être furieuse, et Madame aussi.

LOUIS.

Cela nous est bien égal. Nous n'avons ni la douceur, ni la patience, ni la bonté de Blanche et de Laurence.

JULIE.

Je vais dire à Madame que vous refusez de venir voir Mlle Gizelle et que vous soutenez ces demoiselles.

JACQUES.

Dites ce que vous voudrez, mauvaise langue, c'est vous que cela regarde.

JULIE, *avec impertinence.*

Et vous-mêmes plus que vous ne pensez, mes petits messieurs. Et vos cousines aussi, car on va les renfermer d'autant mieux que ce sont elles qui vous poussent à résister à Madame et à Mlle Gizelle.

JACQUES.

Ce n'est pas vrai! Vous mentez et vous savez que vous mentez!

BLANCHE.

Chut, mon pauvre Jacques! Laisse-la dire comme elle voudra.

JULIE, *avec colère.*

Je me vengerai, et vous regretterez votre emportement.

PASCAL, *la faisant pirouetter.*

Et vous, mamzelle l'hypocrite, vous serez punie de votre impertinence envers mes jeunes maîtres et de votre méchanceté envers mes pauvres jeunes maîtresses. Je sais quelque chose qui ne vous mettra pas bien dans les papiers de Madame, et qui pourrait bien vous faire perdre la bonne place que vous avez ici. Allez, la belle, allez cuver votre colère loin d'ici et laissez tranquilles ces messieurs et ces demoiselles.

(*Il la fait pirouetter encore malgré sa résistance et la pousse doucement vers la porte; elle sort furieuse.*)

SCÈNE XXIII.

LES PRÉCÉDENTS, *moins Julie.*

PASCAL.

Qu'est-ce qu'il y a donc? Pourquoi vous fait-on déménager vos affaires, mesdemoiselles?

BLANCHE.

Parce que Léontine nous défend de revenir au salon !

LAURENCE.

Et parce qu'elle veut nous mettre au couvent.

PASCAL, *très-étonné.*

Au couvent! Vous au couvent! Et vous défendre de venir au salon! Mais ce n'est pas possible! Pourquoi donc cela?

JACQUES.

Parce que la méchante petite Gizelle s'est plainte de ce que mes cousines l'ont poussée à manger; Léontine prétend qu'elles ont manqué lui tuer Gizelle, et que ni son mari ni elle-même ne veulent les revoir.

PASCAL, *indigné.*

Ah! c'est comme cela! C'est ainsi qu'on traite les filles de ma pauvre maîtresse, que j'ai servie pendant dix ans! Et on croit que je resterai dans une maison d'où on a chassé mes jeunes maîtresses? Pas un jour, pas une heure après elles! C'est pour ne pas les quitter, pour les protéger comme me l'a recommandé leur pauvre mère, que je suis resté dans la famille ; elles partent, je pars. Et je vais aller trouver M. Pierre et lui raconter ce qui se passe! Ah! cette méchante Gizelle! Petite sans cœur! qui chasse ses tantes après m'avoir dit : « Ça m'est égal, vos os ! » Pour un empire je ne resterai pas à la servir.

LOUIS.

Mon bon Pascal, je vais écrire aujourd'hui même à Pierre pour qu'il vienne chercher mes pauvres cousines; ne quittez pas la maison avant qu'elles la quittent ; vous leur serez si utile; vous les servirez au moins; sans vous, elles seraient livrées à Julie.

PASCAL.

Oui, monsieur Louis ; soyez tranquille! J'emboîte leur pas et je ne les quitte pas. Et quant à Julie, j'ai entre les mains une lettre qu'elle a écrite à une *amie*. Qui se ressemble s'assemble. L'*amie* m'a remis la lettre dans un moment de colère contre Julie; elle y dit de belles choses de la petite Gizelle, du père et de la mère. — Mais donnez-moi donc tout ça, messieurs et mesdemoiselles (*il leur enlève leurs paquets*); laissez, que je le monte! (*Ils sortent tous, Louis, Jacques et Paul accompagnent leurs cousines; Pascal les suit.*)

ACTE II.

La scène représente le salon.

SCÈNE I.

LÉONTINE, M. GERVILLE, GIZELLE.

M. GERVILLE.

Faites-lui donc ce qu'elle demande, Léontine; ne la tourmentez pas, cette pauvre enfant.

LÉONTINE.

Je vous assure, mon ami, que je suis fatiguée à mourir; depuis trois jours qu'elle est sans cesse avec moi, elle ne me laisse le temps de rien faire. Je ne trouve pas le moment d'écrire à Pierre. Il faut pourtant qu'il sache que nous allons mettre Blanche et Laurence au couvent.

GIZELLE, *pleurant.*

Je veux Blanche et Laurence. Je m'ennuie sans elles.

M. GERVILLE.

Mon pauvre amour, elles te taquinaient toujours.

GIZELLE.

Non, elles ne me taquinaient pas; je les veux.

LÉONTINE.

Je fais tout ce que tu demandes, mon enfant, et bien mieux qu'elles.

GIZELLE.

Non, vous faites très-mal; elles faisaient très-bien; je les veux.

LÉONTINE.

Veux-tu aller te promener avec Julie?

GIZELLE.

Oui, mais je veux que Blanche et Laurence viennent aussi.

M. GERVILLE.

Écoute, mon petit trésor, Blanche et Laurence sont méchantes pour toi et tu sais....

GIZELLE.

Non, elles ne sont pas méchantes; elles faisaient tout ce que je voulais; c'est vous qui me tourmentez.

M. GERVILLE.

Moi! Oh! cher ange, que dis-tu? Moi te tourmenter! Moi qui t'aime tant! (*Il veut l'embrasser.*)

GIZELLE, *le repoussant.*

Laissez-moi! Je ne veux pas que vous m'embrassiez! Votre barbe me pique. Blanche et Laurence n'ont pas de barbe.

LÉONTINE.

Gizelle, tu n'es pas gentille pour ton pauvre papa. Tu lui fais de la peine.

GIZELLE, *pleurant.*

Je ne veux pas qu'on me gronde. Je veux Blanche et Laurence; elles ne me grondent pas.

LÉONTINE.

Voyons, ma Gizelle, sois sage. Veux-tu que j'aille aux Tuileries avec toi?

« Votre barbe me pique. » (Page 54.)

GIZELLE.

Non, ça m'ennuie; vous ne jouez pas comme Blanche et Laurence.

M. GERVILLE, *s'impatientant.*

Ah çà! Tu nous ennuies avec ta Blanche et ta Laurence. Elles sont méchantes, elles te font du mal, et je ne veux pas que tu joues avec elles.

GIZELLE.

C'est vous qui êtes méchant, ce n'est pas elles; vous ne me faites jamais rien; elles me faisaient des robes, des chapeaux, des manteaux pour ma poupée; elles jouaient tant que je voulais et à tous les jeux que je voulais; elles étaient très-bonnes, et je les veux.

LÉONTINE.

Mais, ma petite chérie, c'est toi-même qui venais toujours te plaindre d'elles.

GIZELLE.

Parce que j'étais en colère; il ne fallait pas m'écouter.

M. GERVILLE.

Mais tu m'as dit que c'étaient elles qui avaient manqué te faire mourir en te forçant à manger une quantité énorme de gâteaux, de fruits, de crème.

GIZELLE.

Non, elles ne m'ont pas forcée; elles ne m'ont rien dit; c'est moi qui ai menti; et Pascal a voulu m'empêcher et je n'ai pas voulu; Blanche et Laurence sont très-bonnes, et je les veux; et je pleurerai jusqu'à ce qu'elles viennent. (*M. Gerville paraît consterné. Léontine cache son visage dans ses mains et pleure. Gizelle tape du pied.*)

M. GERVILLE.

Gizelle ! mon amour ! Vois comme tu fais de la peine à pauvre maman ? Vois comme elle pleure ! Va l'embrasser !

GIZELLLE.

Ça m'est bien égal, qu'elle pleure ! C'est elle qui est méchante pour Blanche et Laurence ! Pourquoi les a-t-elle enfermées dans leur chambre ? Je les veux, et je les aime plus que vous et plus que maman ! (*M. Gerville tombe accablé sur une chaise.*)

LÉONTINE.

Voilà pourtant les scènes que nous subissons depuis trois jours !

M. GERVILLE.

Écoute, ma Gizelle ! Tu es trop bonne !

GIZELLE.

Non, je ne suis pas bonne, je suis méchante !

M. GERVILLE.

Je veux dire que tu oublies toutes les taquineries, toutes les méchancetés de Blanche et de Laurence, pour ne songer qu'aux petits services qu'elles t'ont rendus ; mais moi qui t'aime et qui veux que tu ne sois pas tourmentée, ni taquinée, je ne veux pas te laisser avec ces méchantes filles.

GIZELLE.

Vous ne m'aimez pas, et maman ne m'aime pas, car je veux Blanche et Laurence, et vous les avez chassées et enfermées dans leur chambre pour que je ne les voie pas !

M. GERVILLE.

Que faire, Léontine ? Que faire ? (*Léontine pleure et ne répond pas.*)

SCÈNE II.

Les précédents, PASCAL.

PASCAL.

M. Pierre vient d'arriver; il fait demander si Madame peut le recevoir.

LÉONTINE.

Pierre! Certainement! Qu'il vienne vite. C'est le bon Dieu qui nous l'envoie. (*Pascal sort.*)

SCÈNE III.

M. GERVILLE, LÉONTINE, GIZELLE, PIERRE.

LÉONTINE, *courant à Pierre.*

Pierre! Que je suis contente de te voir! J'allais t'écrire pour te prier de venir.

PIERRE, *froidement.*

Je suis heureux d'avoir prévenu tes désirs, Léontine!

LÉONTINE.

Quelle froideur! Quel accueil glacial!

M. GERVILLE.

Qu'avez-vous, Pierre? Expliquez-vous!

PIERRE, *de même.*

L'explication ne sera pas longue. Je viens pour

prendre et garder mes deux sœurs, Blanche et Laurence.

LÉONTINE.

Les prendre! Les garder! Mais j'allais justement t'écrire que je les mettais au couvent.

PIERRE, *se contenant*.

Et c'est parce que je l'ai su que je suis venu immédiatement les chercher pour leur épargner ce chagrin et cette humiliation.

LÉONTINE.

Comment l'as-tu su?

PIERRE.

Mes petits cousins du Pilet me l'ont écrit; et j'en ai reçu la confirmation avec des détails que j'ignorais par une lettre de Blanche et de Laurence.

LÉONTINE.

Et pourquoi blâmes-tu ce parti, que j'ai dû prendre dans leur intérêt?

PIERRE, *avec chaleur*.

Parce que je suis leur frère, parce que je les aime, parce que je les sais malheureuses, livrées sans défense aux caprices d'un enfant gâté, volontaire et méchant. Parce que j'ai su votre faiblesse envers cette enfant, et votre dureté, votre injustice envers mes pauvres sœurs. Ta fille, Léontine, t'a trop fait oublier tes autres liens de famille. Tu as oublié que ma pauvre mère, sur son lit de mort, nous a confié le soin du bonheur de nos sœurs; tu les as prises comme des jouets pour ta fille, et maintenant, pour compléter ton abandon, tu veux les séparer de leur famille, les enfermer sans avoir égard à leur innocence et à leurs larmes. Voilà pourquoi, moi, chef de famille, protecteur naturel et légal de mes sœurs, je te les reprends pour ne jamais te les rendre. (*Léontine, interdite, reste immobile; M. Gerville est fort agité.*)

GIZELLE *s'approche tout doucement de son oncle, lui prend la main et dit d'un ton caressant :*

Mon oncle, je veux Blanche et Laurence. (*Pierre la regarde avec surprise.*)

PIERRE.

Qu'est-ce que tu dis? Blanche et Laurence? dont tu te plains toujours?

GIZELLE.

Oui, je veux Blanche et Laurence; maman les a enfermées; et moi je les veux; et je m'ennuie sans elles; elles sont très-bonnes, et moi j'étais très-méchante. Et ce n'est pas leur faute que j'ai été malade. Et je veux qu'on leur ouvre la porte.

PIERRE, *avec indignation.*

Mes sœurs enfermées! Enfermées comme des coupables! Et cette petite fille, ta propre fille, vient apporter leur justification et ta condamnation! Oh! Léontine! que tu es coupable comme fille, comme sœur, comme mère! (*Il sonne.*)

SCÈNE IV.

LES PRÉCÉDENTS, PASCAL.

PASCAL.

Monsieur a sonné?

PIERRE.

Oui, Pascal; allez, je vous prie, chercher mes sœurs.

PASCAL.

Mais, Monsieur,... Madame a donné l'ordre qu'elles ne quittassent pas leur chambre.

PIERRE.

Ah! c'est ainsi! Venez avec moi, Pascal. Je vais les délivrer. (*Ils sortent.*)

SCÈNE V.

M. GERVILLE, LÉONTINE, GIZELLE.

LÉONTINE *se jette au cou de son mari en sanglotant.*

Victor, Victor, je crains que Pierre n'ait raison et que notre faiblesse pour Gizelle ne nous ait rendus coupables, moi surtout qui ai manqué à mes promesses envers ma mère, à mes devoirs envers mes sœurs. Pauvres sœurs! Quelle vie je leur ai fait mener si Gizelle les accusait injustement! Et c'est Gizelle elle-même qui m'accable en les justifiant!

M. GERVILLE.

Console-toi, ma Léontine! S'il y a eu faute, elle est réparable. Promets à ton frère d'être à l'avenir plus indulgente pour tes sœurs; insiste pour les garder. Notre chère Gizelle sera satisfaite et tout sera oublié.

GIZELLE, *qui a écouté attentivement.*

Je serai contente si Blanche et Laurence restent. Je ne veux pas que mon oncle les emmène; je veux qu'elles

« Léontine! toi, pleurant devant nous! » (Page 66)

m'amusent et qu'elles fassent les affaires de ma poupée.

SCÈNE VI.

Les précédents, PIERRE, BLANCHE et LAURENCE.

PIERRE.

Venez, entrez, mes pauvres sœurs! Ne craignez plus. Ne suis-je pas avec vous?

GIZELLE, *courant à ses tantes*

Blanche! Laurence! Quel bonheur! Pierre vous a ouvert la porte? Maman est méchante de vous avoir enfermées. Je veux que vous restiez ici, toujours avec moi, pour m'amuser et me faire des robes pour ma poupée

PIERRE.

Non, mademoiselle, Blanche et Laurence vont venir avec moi; vous avez été trop méchante pour elles; vous les avez rendues trop malheureuses.

GIZELLE, *pleurant*.

Ce n'est pas moi! c'est maman!

PIERRE.

Parce que vous alliez vous plaindre et faire des mensonges à votre maman.

LÉONTINE.

Blanche, Laurence! Gizelle a raison; c'est moi qui suis coupable envers vous; c'est moi qui vous demande pardon. Que ma pauvre Gizelle ne soit pas punie des fautes que j'ai commises! Accordez-lui ce qu'elle demande instamment depuis trois jours qu'elle est séparée de vous. Restez avec elle; vivez avec nous. Vous n'aurez à l'avenir à vous plaindre de personne

BLANCHE.

Ma sœur,... je ne sais,... je crains....

LÉONTINE.

Quoi! que crains-tu? Que Gizelle ne vous tourmente? je l'en empêcherai. Qu'elle ne porte plainte contre vous? je ne l'écouterai pas; je vous le jure.

LAURENCE, *bas à Pierre.*

Pierre! Blanche hésite, elle va faiblir! Je t'en supplie, emmène-nous.

PIERRE.

Léontine, tes supplications sont inutiles; tes bonnes paroles viennent trop tard. Tu leur promets ce que tu ne pourras pas tenir; ta faiblesse pour Gizelle l'emportera comme elle l'emporte à présent, dans ce moment même où tu sembles la dominer. Ce n'est pas par amitié pour tes sœurs, ni dans l'intérêt de leur bonheur que tu insistes pour les garder, c'est pour contenter Gizelle, pour l'empêcher de pleurer, de crier. Je suis venu pour te les reprendre et je n'ai malheureusement que trop de raisons pour le faire.

LÉONTINE.

Je t'assure, Pierre, que je suis sincère, que leur départ me désole. Blanche, ma sœur, au nom de ma mère, je te conjure de consentir à ma demande. Pardonne-moi, c'est avec larmes que je te le demande. (*Elle joint les mains en pleurant.*)

BLANCHE, *l'embrassant.*

Léontine! toi, pleurant devant nous! toi nous de-

« Tiens, aveugle mère, reprends ta fille et reçois nos adieux ! »
(Page 70.)

mandant pardon! Ni moi ni Laurence, nous n'avons aucune colère, aucune rancune contre toi.

LÉONTINE, *l'embrassant.*

Tu restes alors, tu restes? dis?

LAURENCE, *vivement.*

C'est Pierre qui doit décider. (*Bas à Pierre.*) Oh! Pierre! Ne consens pas. Dis non.

PIERRE.

Je dis maintenant comme je le disais il y a une heure. J'emmène mes sœurs; elles resteront chez moi avec Noémi, leur amie d'enfance, leur sœur, qui veillera à leur bonheur.

LÉONTINE.

Si Noémi était ici, elle te dirait de céder à ma prière, de croire à mon repentir. Gizelle, ma pauvre Gizelle, tes tantes vont s'en aller, tu ne les verras plus.

GIZELLE, *se roulant par terre et criant.*

Je ne veux pas; je veux voir mes tantes, toujours et toujours; je veux qu'elles viennent avec moi aux Tuileries, qu'elles jouent avec moi, qu'elles m'amusent. Et si elles ne veulent pas, elles sont des méchantes, des vilaines! Et je déchirerai leurs livres, et je casserai leurs affaires, et je me plaindrai à papa, et il les fera enfermer comme tout à l'heure. Et elles pleureront! Et je serai très-contente!

PIERRE, *qui l'a écoutée les bras croisés et l'air moqueur.*

Charmante enfant! Excellent petit cœur! Comme c'est tentant de vivre près de ce petit ange! Comme elle corrige bien le passé! Tu n'auras ni Blanche, ni Laurence, ma chère amie; et tu ne pourras plus les faire pleurer ni les faire enfermer!

GIZELLE.

Méchant! vilain! (*Elle s'élance sur son oncle pour le frapper. Pierre la saisit, lui donne trois ou quatre bonnes tapes et la maintient de force dans un fauteuil. Gizelle crie et se débat. M. Gerville se précipite pour l'enlever. Léontine saisit les bras de Pierre, qui les regarde avec pitié et dédain; il place Gizelle dans les bras de Léontine.*)

PIERRE.

Tiens, aveugle mère, prends ta fille et reçois nos adieux. (*Il se tourne vers son beau-frère.*) Et vous, monsieur, vous répondrez devant Dieu du mal que vous faites à votre enfant! Vous croyez l'aimer et vous la perdez! Vous voulez son bonheur et vous préparez son malheur en ce monde et dans l'autre. Adieu. (*Il veut emmener Blanche et Laurence.*)

BLANCHE.

Arrête, Pierre; arrête! Laisse-moi embrasser Léontine et Gizelle! laisse-moi leur pardonner, leur dire que je les aime. (*Elle se jette au cou de Léontine qui la serre dans ses bras en sanglotant.*)

LÉONTINE.

Blanche! Merci! merci! Tu es un ange! Prie pour moi et pour mon enfant! Je suis faible; je le sens! Pierre a raison! Je tâcherai, j'essayerai d'avoir plus de courage, de justice. Adieu, ma sœur! Adieu, Laurence! (*Elle les embrasse. Se tournant vers Pierre.*) Pierre! embrasse-moi! Je suis aussi ta sœur! coupable et repentante! oh oui! bien sincèrement repentante! Crois-moi, Pierre! Mon frère! embrasse-moi! (*Pierre la reçoit dans ses bras et l'embrasse à plusieurs reprises; il serre la main que lui tend M. Gerville.*)

« Qu'est-ce que ce papier? » (Page 73.)

PIERRE.

Adieu, ma sœur, mon frère! adieu! A revoir et bientôt! (*Il sort avec Blanche et Laurence.*)

SCÈNE VII.

LÉONTINE, M. GERVILLE, GIZELLE, PASCAL.

Léontine, dans un fauteuil, pleure; M. Gerville, fort agité, va et vient dans le salon; Gizelle boude dans un fauteuil.)

PASCAL, *embarrassé.*

Madame,... je veux,... c'est-à-dire je voudrais.... que madame sache....

M. GERVILLE, *brusquement.*

Quoi? que voulez-vous que sache ma femme? Expliquez-vous? Voyons. Qu'est-ce que c'est que ce papier? (*Il lui arrache un papier des mains.*)

PASCAL.

Puisque vous tenez la lettre, monsieur, je n'ai pas besoin d'en dire davantage. Madame verra la confiance qu'elle doit avoir en Mlle Julie, bonne de Mlle Gizelle.

M. GERVILLE, *de même.*

C'est bon! Nous verrons cela! Vous pouvez vous en aller.

PASCAL, *avec résolution.*

Non, monsieur, pas encore! Il faut avant que je dise à Madame que je quitte son service, que j'entre chez M. Pierre.

LÉONTINE, *se relevant.*

Comment, Pascal! mon bon Pascal! Vous me quittez? moi, l'aînée de la famille.

PASCAL.

Pardon, madame! l'aîné est M. Pierre. C'est chez lui que je devais entrer, lorsque.... lorsque.... la pauvre madame.... madame sait.... Par égard pour ces demoiselles si bonnes et si aimables, j'ai demandé à M. Pierre de me permettre d'entrer chez vous, madame. Mais franchement la vie n'y est pas tenable, grâce à Mlle Gizelle; si je n'ai pas quitté, c'est pour servir et protéger mes pauvres jeunes maîtresses; les voilà délivrées et j'ai demandé à M. Pierre de les suivre; ce bon M. Pierre qui les aime bien, lui, m'a serré la main en signe de consentement; et je préviens madame de chercher un remplaçant; le plus tôt sera le mieux.

LÉONTINE, *tristement.*

Vous aussi, Pascal, vous m'abandonnez; je croyais pouvoir compter sur vous.

PASCAL.

Pardon, madame; avec Mlle Gizelle le bon Dieu lui-même n'y tiendrait pas. (*Il sort.*)

SCÈNE VIII.

M. GERVILLE, LÉONTINE, GIZELLE.

LÉONTINE, *après quelques minutes de réflexion.*

Victor, il faut que nous changions notre manière

Premier essai de fermeté. (Page 78.)

d'élever Gizelle. Je vois, je comprends combien nous la gâtons et jusqu'à quel point nous lui sacrifions tout ce qui nous entoure. Je suis décidée à prendre une attitude plus sévère et à dire à Julie ...

M. GERVILLE.

Il n'y a qu'une chose à dire à Julie, ma chère Léontine ; c'est qu'elle ait à faire ses paquets dès ce soir. Lisez la lettre qu'elle écrit à une de ses amies et que Pascal vient de me donner.

LÉONTINE *lit.*

La misérable ! Parler ainsi de la pauvre petite !

M. GERVILLE.

Et de toi, et de moi !

LÉONTINE, *relisant.*

C'est indigne ! (*Elle laisse retomber la lettre et réfléchit.*) Et pourtant il y a du vrai ! Les expressions sont dures, vulgaires, injurieuses, mais le fond est vrai. (*Elle se lève.*) Allons ! du courage, Victor ! Profitons de la rude leçon d'aujourd'hui pour devenir ce que nous aurions dû être dès la naissance de Gizelle ; des parents tendres, dévoués, mais fermes et justes. Allons demander à Pascal de nous chercher pour Gizelle une bonne digne de notre confiance. Viens, Gizelle ;... viens donc.

GIZELLE.

Non, je ne veux pas venir ; je veux rester ici.

LÉONTINE, *avec fermeté.*

Tu viendras pourtant.

GIZELLE, *étonnée.*

Pourquoi ?

LÉONTINE, *sévèrement.*

Parce que je le veux.

GIZELLE, *avec hésitation.*

Et moi, je ne veux pas.

LÉONTINE.

Victor, prends-la, je t'en prie, et apporte-la dans ma chambre. (*M. Gerville la prend malgré ses cris et sa colère, et l'emporte.*)

LÉONTINE *suit, en disant :*

Premier essai de fermeté. Mon Dieu, donnez-moi le courage de continuer. »

LE DINER

DE MADEMOISELLE JUSTINE

COMÉDIE EN DEUX ACTES.

PERSONNAGES :

M. GAUBERT, 44 ans.
Mme GAUBERT, 32 ans.
CAROLINE, 8 ans.
THÉODORE, 10 ans.
HILAIRE, domestique, 16 ans.
SIDONIE, femme de chambre.
ANTONIN, domestique étranger.
JULES, domestique renvoyé.
JUSTINE, cuisinière.
M. GUELFE, 50 ans.

ACTE PREMIER.

SCÈNE I.

Une salle à manger.

HILAIRE, *essuyant des assiettes, des tasses, etc.;*
SIDONIE, *étendue dans un fauteuil.*

SIDONIE.

Tu n'apprendras donc jamais le service, mon pauvre garçon? Voilà bien une heure que tu rinces, que tu essuies la vaisselle, et tu n'as pas encore fini.

HILAIRE.

Je fais pourtant de mon mieux pour avancer mon ouvrage, mademoiselle Sidonie, mais.... mais....

SIDONIE.

Mais quoi? Qu'est-ce que tu veux dire? Voyons, parle!

HILAIRE.

Je n'ose pas, mamzelle; j'ai peur de vous fâcher.

SIDONIE.

Bon! Encore peur! Toujours peur! Quoi que tu fasses, tu as peur de quelqu'un ou de quelque chose!

HILAIRE.

C'est que, mamzelle, ce que je voulais dire n'est pas agréable pour vous.

SIDONIE.

Pour moi? Ah! ah! ah! Soyez tranquille, monsieur Hilaire, ce que vous avez à dire ne pourra certainement pas me fâcher. Parle, mon garçon, parle sans crainte.

HILAIRE.

Eh bien! mamzelle, c'est que, voyez-vous, si je n'ai pas fini mon ouvrage, ce n'est pas moi qui en suis fautif, c'est bien vous.

SIDONIE.

Moi? en voilà une bonne! Explique-moi donc cela; je serais bien aise de pouvoir comprendre la bêtise que tu viens de dire.

HILAIRE.

Ce n'est pas une bêtise, mamzelle, c'est bien une vérité. Madame vous a dit de nettoyer et ranger toute sa belle porcelaine, et que je vous aiderais. Vous n'y avez seulement pas touché; c'est moi qui ai tout fait Alors....

SIDONIE.

Alors, pour lors, dès lors, tu es un sot et un nigaud. Il fallait faire comme moi; laisser tout cela sans y toucher, épousseter un peu pour lui donner l'air d'avoir été nettoyé, et l'ouvrage serait fini pour toi comme il l'est pour moi.

HILAIRE.

Comment, mamzelle! Et les ordres de madame, donc!

« Je croyais trouver la porcelaine rangée. » (Page 85)

SIDONIE.

On en prend ce qui convient et on laisse ce qui gêne. Je te l'ai dit cent fois, tu ne veux pas m'écouter.

HILAIRE.

Et vous me le diriez cent autres fois, que je ne vous obéirais pas davantage, mamzelle. Non, non, il y a quelque chose en moi qui me dit que c'est mal; que c'est tromper madame, qui est bonne pour moi comme pour vous

SIDONIE.

Bonne! Laisse donc! Elles sont toutes bonnes tant qu'on leur fait leur quatre volontés; mais quand on ne leur obéit pas comme des esclaves, ils vous bousculent, ils vous grondent, ils vous font un train!... Je suis bien revenue de tout ça, mon garçon; et j'en prends à mon aise.... Ah! voici madame? je l'entends qui vient. (*Sidonie se précipite à la table où Hilaire essuie la vaisselle, saisit une assiette, un torchon, et nettoie d'un air très-empressé.*)

SCÈNE II.

HILAIRE, SIDONIE, Mme GAUBERT.

(*Elle entre, s'approche de la table, examine les porcelaines.*)

MADAME GAUBERT.

Je croyais trouver la porcelaine nettoyée et rangée avant de sortir, Sidonie. Vous êtes pourtant deux! Qu'est-ce qui vous a donc retardée?

SIDONIE.

Rien du tout, madame! Mais il y en a une fameuse quantité. Et puis madame dit qu'on était deux! Le pauvre Hilaire fait certainement son possible, mais il n'est pas au fait de l'ouvrage, il ne va pas vite; et puis, il faut refaire après lui; c'est comme si on était seule.

MADAME GAUBERT.

Ce n'est pourtant pas difficile de laver et essuyer de la porcelaine. Mon pauvre Hilaire, tâchez donc de faire comme Sidonie; si vous ne savez seulement pas laver et essuyer une assiette après trois mois de service, comment arriverez-vous à faire le reste de l'ouvrage? Sidonie ne peut pas tout faire, et si vous ne l'aidez pas, je serai obligée de vous remplacer. (*Hilaire, qui a eu l'air fort étonné, veut parler ; Sidonie lui coupe la parole.*)

SIDONIE.

Que madame ait un peu d'indulgence pour ce pauvre garçon; il se formera; il est si jeune!

MADAME GAUBERT.

Vous me dites toujours la même chose; je ne demande pas mieux que d'attendre, mais il ne fait rien, il n'apprend rien, et vous le soutenez toujours, je ne comprends pas pourquoi.

SCÈNE III.

CAROLINE et THÉODORE *entrent en courant.*

Maman, nous voudrions goûter et nous ne trouvons rien que du pain. (*Hilaire sort en témoignant de la surprise.*)

MADAME GAUBERT.

Pourquoi, Sidonie, ne laissez-vous pas des fruits ou des confitures, comme j'en ai donné l'ordre?

SIDONIE.

Madame sait bien que c'est Hilaire que madame a chargé du goûter des enfants; il tient tout sous clef, de sorte qu'on ne peut jamais rien avoir; c'est comme l'autre jour, quand la sœur de madame est venue et qu'elle a demandé à manger, on n'a pu rien servir parce qu'Hilaire était sorti.

MADAME GAUBERT.

Mais c'est fort ennuyeux. (*Elle cherche Hilaire des yeux.*) Où est Hilaire? Allez me le chercher; il faut que je lui parle sérieusement.

SIDONIE.

Si madame voulait bien me dire ce qu'elle veut pour les enfants, je l'apporterais et j'éviterais à madame l'ennui de gronder.

MADAME GAUBERT.

Je ne veux pas le gronder; je veux lui parler.

SIDONIE.

Madame peut être bien assurée que ce garçon fait

de son mieux pour contenter madame; si madame voulait me charger de le diriger pour son ouvrage, en six mois j'en ferais un excellent serviteur.

MADAME GAUBERT.

Non, du tout. Vous êtes toujours à l'excuser; vous le gâteriez; je veux qu'il apprenne par lui-même à avoir de l'ordre, de l'exactitude, et surtout à obéir aux ordres que je lui donne. Allez chercher Hilaire et envoyez-le-moi. (*Sidonie sort avec humeur.*)

SCÈNE IV.

Mme GAUBERT, CAROLINE, THÉODORE.

CAROLINE.

Maman, je crois qu'il faudrait renvoyer Hilaire.

MADAME GAUBERT.

Pourquoi donc, ma chère petite?

CAROLINE.

Parce qu'il est bête, paresseux, désobéissant, et qu'il ne fait jamais rien pour personne.

THÉODORE.

Et puis, il ne donne rien de bon à boire et à manger.

MADAME GAUBERT

D'où prenez-vous cela, mes enfants? Qu'est-ce qui vous a dit tout cela?

CAROLINE.

D'abord, Antonin, le domestique de mon oncle, disait l'autre jour qu'Hilaire lui avait refusé un verre de vin et des biscuits; et puis, Sidonie voulait régaler de thé et de gâteaux la bonne de mes cousines la semaine dernière, et Hilaire lui a refusé du sucre et du thé.

MADAME GAUBERT.

Il a très-bien fait; il ne doit pas donner de ces choses sans ma permission. Ce qui m'étonne, c'est que Sidonie ait eu la pensée de le demander.

SCÈNE V.

LES PRÉCÉDENTS, SIDONIE *entre lentement.*

SIDONIE.

Je n'ai pas trouvé Hilaire, madame, il a emporté les clefs.

CAROLINE.

Comme c'est ennuyeux! Ce vilain garçon! Nous sommes obligés de manger notre pain sec.

MADAME GAUBERT.

Ce ne serait pas un grand malheur. Mais vous pouvez aller demander du beurre à la cuisine.

SIDONIE.

Venez avec moi, pauvres enfants; ma sœur m'a donné un pot de raisiné que vous trouverez bien bon, j'en suis sûre. Je vais vous en mettre sur votre pain.

THÉODORE.

Merci, Sidonie.

SCÈNE VI.

Mme GAUBERT, *seule.* (*Elle regarde sortir les enfants et reste pensive.*) HILAIRE *rentre pour ranger la porcelaine.*

MADAME GAUBERT.

Ah! vous voilà, Hilaire! Où étiez-vous allé tout à l'heure?

HILAIRE.

A l'antichambre, pour brosser le manteau de madame avant qu'elle ne sorte.

MADAME GAUBERT.

Comment Sidonie ne vous a-t-elle pas trouvé?

HILAIRE.

Je ne sais pas, madame; je n'ai pas vu Mlle Sidonie.

MADAME GAUBERT.

C'est singulier; je lui avais dit d'aller vous chercher, parce que j'avais à vous parler.

HILAIRE.

Je ne savais pas que madame m'eût demandé. Madame a-t-elle un ordre à me donner?

MADAME GAUBERT.

Oui. Pourquoi n'avez-vous pas laissé sur le buffet le goûter des enfants, comme je vous l'avais dit?

HILAIRE.

J'ai exécuté les ordres de madame; j'ai laissé un reste de confitures, quatre biscuits deux poires et deux pommes.

MADAME GAUBERT.

Mais, mon ami, si vous aviez laissé ce que vous dites, cela y serait encore, et les enfants n'ont rien trouvé que du pain.

HILAIRE.

Je ne comprends pas,... je ne sais pas....

MADAME GAUBERT, *souriant avec bonté.*

Mon pauvre garçon, je comprends, moi. Vous avez oublié et vous voulez vous excuser. Mais, mon pauvre Hilaire, même dans les petites choses, il ne faut pas mentir; c'est en s'excusant par le mensonge qu'on perd la confiance de ses maîtres. (*Mme Gaubert sort.*)

SCÈNE VII.

HILAIRE *reste stupéfait.*

HILAIRE.

Je n'y comprends rien. C'est toujours moi qui ai tort, même quand j'ai raison. Je suis sûr d'avoir laissé pour les enfants tout ce j'ai dit à madame, et il est certain qu'il n'y avait plus rien quand j'ai été voir tout à l'heure. Qu'est-ce que c'est devenu? L'auront-ils mangé? Et, pour en avoir davantage, auront-ils dit qu'ils n'avaient trouvé que du pain sec?... Non, ce n'est pas possible! Ces pauvres enfants! ils n'auraient pas voulu me faire gronder injustement!... Qu'est-ce donc?... Ce dont je suis certain, c'est d'avoir laissé ce que madame m'a ordonné,... et il paraîtrait que le tout a disparu.... C'est que,. .je me souviens à présent!...

Ce n'est pas la première fois que chose pareille m'arrive.... L'autre jour, la bouteille de malaga presque pleine !... Et puis le vin, le sucre qui diminuent sans que je sache comment !... Est-ce que ?... Mais non,... c'est impossible !... Elle n'est pas capable.... Quel mal lui ai-je fait? Au contraire, je l'aide tant que je peux; je fais sans cesse son ouvrage.... Ce serait bien mal !... Un pauvre garçon comme moi, orphelin, sans le sou; chercher à me faire du tort !... C'est impossible ! C'est une méchante pensée qui m'est venue pour cette pauvre Mlle Sidonie !... Tout de même, je ne me fie pas à ses conseils; ils sont mauvais; si je l'écoutais, je me ferais aimer des camarades, c'est vrai, mais je ne serais pas tranquille. Je rougirais devant M. le curé, devant madame,... devant mes camarades aussi,... car tous auraient le droit de m'appeler voleur !... Mon Dieu, moi qui ai tant promis à maman de rester honnête comme mon pauvre père, je manquerais à ma promesse ! Je deviendrais un malhonnête, un trompeur, un.... un.... oui... un voleur! c'est le mot. Mon Dieu! protégez-moi! Maman, mon père, priez pour votre pauvre Hilaire, resté seul dans le monde abandonné de tous! (*Hilaire pleure et cache son visage dans ses mains.*)

« Pauvre Hilaire ! ne pleurez pas. » (Page 95.)

SCÈNE VIII.

HILAIRE, CAROLINE *entre et reste interdite en voyant pleurer Hilaire.*

CAROLINE.

Hilaire! qu'avez-vous, pauvre Hilaire? Pourquoi pleurez-vous si fort?

HILAIRE, *essuyant vivement ses yeux.*

Ce n'est rien, mademoiselle; rien! Une idée qui passait!

CAROLINE.

Quelle idée? Dites, Hilaire! Une idée bien triste alors?

HILAIRE.

Mademoiselle pense bien qu'un pauvre orphelin, seul dans le monde, ne peut pas avoir des idées bien gaies! Personne pour l'aimer! Personne pour le défendre, pour le recueillir, le consoler! (*Il essuie ses yeux*).

CAROLINE.

Pauvre Hilaire! Ne pleurez pas! Je prierai maman d'être bien bonne pour vous, de ne jamais vous gronder, de ne pas vous faire travailler....

HILAIRE.

Oh! mamzelle! Merci bien; vous êtes bien bonne! Mais je ne demande pas à ne rien faire, à croiser les bras comme un paresseux! Bien au contraire, je demande de l'ouvrage tant que j'en peux faire. — Et puis, je ne demande pas à ne pas être grondé quand je le mérite; seulement, cela me chagrine quand madame croit comme tout à l'heure que je ne dis pas la vérité, que j'ai menti pour m'excuser. C'est cela qui est dur, mamzelle. J'ai tant promis à mon père, à maman, de ne jamais tromper, de ne jamais mentir! Vous pensez, mamzelle, que cela fait rougir, quand on est accusé d'une vilaine chose comme cela.

CAROLINE.

Mais de quoi donc maman vous a-t-elle accusé, pauvre Hilaire?

HILAIRE.

Madame croit que je n'ai rien laissé pour votre goûter, mademoiselle, et que pour m'excuser j'ai menti en lui contant tout ce que j'avais réellement laissé.

CAROLINE.

Comment? C'est pour notre goûter que vous avez du chagrin? Mais il ne faut pas vous affliger pour si peu de chose, Hilaire. Qu'est-ce que ça fait que nous n'ayons que du pain sec?

HILAIRE.

Ce n'est pas pour le pain sec, c'est pour ce que j'aurais menti, comme le croit votre maman, mamzelle.

CAROLINE.

J'arrangerai tout cela, Hilaire; soyez tranquille. Tout à l'heure, en sortant avec maman, je lui raconterai ce que vous venez de me dire et vous verrez qu'elle vous croira toujours. Adieu, mon bon Hilaire, adieu, ne pleurez pas.

(*Caroline sort; un instant après, par une autre porte, entrent Sidonie et Antonin.*)

SCÈNE IX.

HILAIRE, SYDONIE, ANTONIN. (*Hilaire continue à ranger la porcelaine.*)

SIDONIE.

Ha ha ha ! Voyez donc, Antonin, le voilà qui range encore ! Est-il nigaud, ce garçon !

ANTONIN.

Voyons, petit ; ne fais pas la bête, et laisse là ton torchon et ta vaisselle. Nous avons besoin de toi. Un tour à gauche et prends ma droite. Je suis un bon garçon ; je ne te donnerai pas d'ennui, au contraire

HILAIRE.

Tout à l'heure, monsieur ! Je finis ma vaisselle et je vous suis.

SIDONIE.

Est-il sot avec sa vaisselle ! Tu en as pour un bon quart d'heure, à ranger tout cela.

HILAIRE.

Cela ne fait rien, mamzelle Sidonie ; je ne suis pas pressé.

ANTONIN.

Mais nous le sommes, nous, nigaudinos ! Madame sera rentrée dans deux heures ! Attends, je vais t'aider. (*Antonin donne une forte secousse à Hilaire, qui laisse tomber une pile d'assiettes qu'il allait poser dans l'armoire. Hilaire pousse un cri.*)

HILAIRE, *consterné.*

Mon Dieu! mon Dieu! monsieur Antonin! Qu'avez-vous fait? Que va dire madame?

ANTONIN.

Elle dira ce qu'elle voudra! Que t'importe? Elle ne saura seulement pas qu'il y en a de cassé; ramasse les morceaux; jettes-les, et ta besogne est faite. Elle n'ira pas compter ses assiettes aujourd'hui même.

HILAIRE.

Mais plus tard madame le saura bien.

ANTONIN.

Plus tard, cela ne te regarde plus, nigaud.

HILAIRE.

Mais si elle demande qu'est-ce qui lui a cassé ses assiettes?

ANTONIN.

Eh bien! C'est personne! C'est toujours personne; chose reçue! Les maîtres savent tous cela.... Allons, viens! Quand tu resteras là comme un imbécile à regarder les morceaux, tu ne les raccommoderas pas.

HILAIRE.

Hélas, non! Mais je dirai tout de même à madame le malheur qui est arrivé.

ANTONIN.

Comment, petit pestard! tu vas faire des contes à ta maîtresse pour nous faire gronder?

HILAIRE, *balayant les morceaux cassés.*

Ce n'est pas vous qui serez grondé, monsieur Antonin, puisque je ne vous accuserai pas. C'est moi seul qui serai grondé, car c'est moi qui tenais les assiettes et qui le ai lâchées.

« Mon Dieu ! mon Dieu ! monsieur Antonin ! » (Page 98.)

LE DINER DE MADEMOISELLE JUSTINE. 101

ANTONIN.

A la bonne heure! Au fait, si tu les avais tenues plus solidement, elles ne seraient pas tombées. Mais, c'est bête d'aller t'accuser toi-même, quand personne n'y songe. — Et à présent que tu as enlevé les morceaux, viens avec nous chez Mlle Sidonie, qui va nous régaler d'une bouteille de vieux malaga et d'un fameux gâteau que nous a fait la cuisinière.

HILAIRE.

Merci bien, monsieur Antonin. Madame pourrait avoir besoin de moi, et....

ANTONIN.

Elle est sortie avec les enfants.

HILAIRE.

D'ailleurs, je n'ai pas faim; j'ai bien déjeuné il y a deux heures.

SIDONIE.

Qu'est-ce que cela fait? Il n'est pas besoin d'avoir faim pour se régaler, et tu vas nous donner une bouteille de vin blanc pour arroser le gâteau. Voyons, ne fais pas la bête et viens avec nous.

HILAIRE.

Merci, mamzelle; j'ai à travailler; et quant au vin, j'en suis bien fâché, mais je n'en ai pas seulement un verre à vous donner. Le peu d'argent que je gagne, je ne l'emploie pas à acheter du vin.

SIDONIE.

Et qu'est-ce qui te parle d'acheter du vin, bêtâ? Est-ce le tien qu'on te demande? C'est celui de la cave dont tu as la clef.

HILAIRE.

Mais le vin de la cave n'est pas à moi, mamzelle; il est à madame.

SIDONIE.

Eh bien?

HILAIRE.

Eh bien! Il n'est pas à moi, et je ne puis vous en donner. Voilà tout.

SIDONIE.

Imbécile!

ANTONIN.

Animal! — Venez, Sidonie, laissons ce triple sot faire le héros, et prenons ce que nous avons déjà. Justine va nous trouver quelque autre chose, bien sûr.

SCÈNE X.

Les précédents, JUSTINE.

JUSTINE.

Mais que faites-vous donc, vous autres? Vous laissez passer le temps et madame va rentrer avec les enfants. Les enfants, c'est une peste dans une maison! Ça fourre son nez partout, ça voit tout, ça entend tout! Dépêchons-nous, avant qu'ils aient flairé le gâteau, le café, et qu'ils aient reconnu le cachet du malaga.

SIDONIE.

C'est cet imbécile d'Hilaire qui nous retient; il ne veut pas nous donner de vin blanc, il ne veut rien de ce que nous lui offrons, on ne sait par quel bout le prendre.

JUSTINE.

Ah! (*Elle regarde Hilaire avec méfiance, et dit bas à Sidonie :*) Méfiez-vous de ce garçon; c'est un cafard, un hypocrite!

SIDONIE, *bas.*

C'est bien ce que je pense. (*Haut.*) Voyons, puisque notre partie est manquée, retournons chacun à notre besogne. (*Bas à Antonin et à Justine.*) Dans ma chambre! tout est prêt. (*Ils sortent.*)

SCÈNE XI.

HILAIRE, *seul.* (*Il essuie partout.*)

HILAIRE.

J'ai peur! — Oui, j'ai peur de me laisser gagner, entraîner par les mauvais exemples de ces gens sans conscience.... Et ces gens sont mes camarades!... Et madame a confiance en eux!... Et pourtant ils la volent; ou tout au moins ils la trompent. — Que dois-je faire?... Laisser voler et tromper ma maîtresse? — Ce n'est pas bien; non, ce n'est pas bien.... Lui dire ce qui passe? Elle ne me croirait pas! elle me chasserait, et les autres continueraient à la tromper.... Je vais continuer à faire de mon mieux, à diminuer le gaspillage en ce qui me regarde, jusqu'à ce que je puisse demander conseil à M. le curé. — Et jamais, non jamais je n'accepterai rien d'eux.

— Voici les enfants; ça va gêner les camarades là-haut!

SCÈNE XII.

CAROLINE, THÉODORE, HILAIRE, *qui frotte l'argenterie.*

CAROLINE.
Te voilà, Hilaire! Tu travailles donc toujours?
HILAIRE.
C'est qu'il y a toujours à faire, mademoiselle, quand on veut que tout soit tenu proprement. Par où donc êtes-vous rentrés, mademoiselle et monsieur? Et par quel hasard êtes-vous rentrés sans madame?
CAROLINE.
Nous sommes rentrés par la cuisine en même temps que le porteur d'eau, et maman nous a ramenés parce que Mme Duroux lui a demandé de venir l'aider à choisir de la porcelaine.
THÉODORE.
Hilaire, pourquoi Sidonie ne t'aime-t-el'e pas?
HILAIRE.
Je ne sais pas, monsieur; c'est peut-être que je n'ai pas l'habitude du service, que je travaille mal, que je suis maladroit.
THÉODORE.
Mais non, tu n'es pas maladroit; j'ai remarqué que lorsque tu travailles seul, tu travailles très-bien et que tu n'es pas du tout maladroit! Tu casses et tu fais mal, quand tu aides les autres! Pourquoi cela?

HILAIRE.

Mais je n'ai pas remarqué ce que vous dites, monsieur. Il me semble que je ne casse déjà pas tant.

THÉODORE.

Pourtant, Sidonie apporte sans cesse à maman des hoses cassées par toi. Et c'est pourquoi je dis qu'elle ne t'aime pas. (*Hilaire paraît étonné; il ne répond pas.*)

CAROLINE.

Théodore, sens-tu une odeur de café? (*Elle aspire fortement.*) Et de malaga aussi! comme ça sent bon! Je vais voir ce que c'est.

HILAIRE.

Non, mamzelle, n'y allez pas; c'est peut-être du café qui passe.

CAROLINE.

Je vais aller voir le café qui passe et en goûter un peu. (*Caroline sort, sent de quel côté vient l'odeur et se dirige vers l'escalier qui monte chez Sidonie.*)

SCÈNE XIII.

THÉODORE, HILAIRE.

THÉODORE.

Hilaire, sais-tu une chose? C'est que maman est mécontente de toi.

HILAIRE, *tristement*.

Pourquoi, monsieur? Dites-le-moi, pour que je puisse la contenter à l'avenir.

THÉODORE.

Maman dit que tu es menteur ; Caroline lui disait que non, que tu disais la vérité ; maman répondait : « C'est un bon garçon, mais il est menteur et j'en suis bien fâchée. »

HILAIRE, *soupirant.*

Si j'étais menteur, monsieur, je ne serais pas un bon garçon ; c'est très-vilain de mentir et le bon Dieu punit les menteurs. J'espère que votre maman reconnaîtra plus tard que je dis toujours la vérité.

SCÈNE XIV.

Les précédents, CAROLINE *rentre sans bruit, mais très-précipitamment.*

CAROLINE.

Théodore, ils sont là-haut chez Sidonie, ils boivent du vin, du café ; ils mangent du gâteau, des fruits. Ils rient, ils parlent si fort qu'ils ne m'ont pas entendue arriver ; je les ai vus par la porte vitrée ; viens voir avec moi ! C'est très-amusant et ça sent si bon ! (*Les enfants veulent sortir.*)

HILAIRE, *les retenant.*

Monsieur, mademoiselle, n'y allez pas, croyez-moi ; s'ils boivent et mangent, vous les fâcherez en les dérangeant, et ils ne seront pas contents. Et il ne faut chagriner personne, vous savez.

CAROLINE.

C'est vrai, Hilaire! Mais cela sent si bon! Ils ont un gâteau superbe et toutes sortes de bonnes choses!

HILAIRE.

Eh bien! mademoiselle, laissez-les se régaler tranquillement; ne les dérangez pas. C'est, mieux je vous assure.

CAROLINE.

Je crois que tu as raison, Hilaire, mais je voudrais pourtant manger un peu de leur gâteau; il paraît si bon.

HILAIRE.

Demandez à Mlle Justine de vous en faire un, mademoiselle; elle ne vous refusera pas.

CAROLINE.

C'est vrai! Justine est très-complaisante. (*On entend sonner à la porte.*)

HILAIRE.

C'est madame qui rentre; je vais ouvrir. (*Hilaire sort et rentre un instant après.*) Non, ce n'est pas madame; c'est une visite pour Mlle Sidonie.

THÉODORE.

Qui ça? Quelle visite?

HILAIRE.

M. Jules, qui était ici avant moi.

THÉODORE.

Jules! Comment Sidonie le laisse-t-elle venir chez elle? Maman l'a renvoyé pour des choses si vilaines qu'elle n'a pas voulu nous les dire; et il a été si impertinent pour maman que papa l'a chassé à coups de pied. Sais-tu pourquoi il vient?

HILAIRE.

Je ne sais pas, mademoiselle ; mais voici ma salle à manger en ordre ; je vais me nettoyer et m'habiller pour être propre au retour de madame. (*Hilaire sort.*)

SCÈNE XV.

THÉODORE, CAROLINE

CAROLINE.

J'aime beaucoup Hilaire : il est bon, et puis il travaille toujours

THÉODORE.

C'est lui qui fait tout l'ouvrage, ce me semble. Et maman croit qu'il ne fait rien, que Sidonie fait tout.

CAROLINE.

C'est la faute de Sidonie, qui le dit à maman.

THÉODORE.

Et qui se plaint toujours du pauvre Hilaire. (*On entend rire, chanter.*)

CAROLINE.

Quel tapage ! Qu'est-ce qu'ils font ? Je vais aller voir. (*Caroline sort; Théodore reste à la porte.*)

THÉODORE.

J'aime mieux ne pas y aller ; ils grondent toujours quand nous venons pendant qu'ils mangent ; et après, Sidonie se plaint de nous et nous fait gronder. (*Caroline rentre sans bruit.*)

« Ah! ah! voici ma salle à manger! » (Page 111.)

CAROLINE, *bas.*

Théodore, allons-nous-en ; ils vont venir dans la salle à manger, et j'ai peur.

THÉODORE.

Pourquoi peur?

CAROLINE, *bas.*

Chut! ils ont des airs qui m'ont fait peur. Jules buvait à même la bouteille ; ils parlent et chantent tous à la fois. Et puis Jules a dit à Sidonie : « Il n'y a pas de danger ; l'ouvrière nous préviendra quand elle verra venir madame et les enfants. » Alors ils ont recommencé, et Sidonie a dit : « Ces gueux d'enfants, si je les prends à nous espionner, je le leur ferai payer! » Alors je me suis sauvée tout doucement et j'ai entendu Jules qui a dit : « Allons dans la salle à manger : j'ai mes doubles clefs ; il nous faut un supplément de vin, de sucre et d'eau-de-vie…. » (*Caroline écoute.*) Les voilà! Je les entends! Vite, sauvons-nous! (*Théodore et Caroline s'échappent; à peine sont-ils sortis, que les domestiques entrent en riant et en se poussant.*)

SCÈNE XVI.

SIDONIE, JUSTINE, ANTONIN, JULES.

JULES.

Ah! ah! voici ma salle à manger! Nous nous y sommes bien régalés et bien des fois, pendant que les maîtres étaient dehors. Voyons! (*Il tire des clefs de sa poche.*) Voici la clef des vins et des liqueurs. (*Il ouvre une armoire.*). Tiens! Attrape complète! Rien que des cristaux! Passons à l'autre. (*Il ouvre une seconde armoire.*) Rien encore! Ah çà! Mais.... l'autre jour, quand j'ai pris le malaga et l'eau-de-vie, tout était dans les armoires comme de mon temps. Est ce qu'il se moque du monde le nouveau qui a pris ma place?

ANTONIN.

On n'a jamais vu un buson pareil à ce nouveau! Il ne connaît pas les usages! Il ne sait seulement pas que ces changements de place, ça ne se fait pas entre camarades; comment veut-il qu'on s'y reconnaisse?

JULES.

Et tu crois, toi, innocent, qu'il n'y a pas mis de malice? C'est un finaud, c'est moi qui te le dis.

SIDONIE.

Il en est bien capable, en vérité! m'a-t-il impatientée des fois avec ses airs honnêtes! Il semblerait avec lui qu'on est tous des voleurs et qu'il est chargé de la police de la maison. Il aura caché les vins et les liqueurs, de peur que nous n'y arrivions, bien sûr.

ANTONIN.

Petit filou, va! si je le tenais!

JUSTINE.

Nous le rattraperons! Sidonie lui fera son affaire près de madame.

ANTONIN.

Le malheur, c'est qu'il n'y a rien à en dire.

JULES.

Rien! est-ce qu'on ne trouve pas toujours quelque chose? Sidonie est une bonne fille; elle va mettre tout son esprit à nous délivrer de ce mauvais garnement.

SIDONIE.

Soyez tranquilles, mes bons amis ; je n'aurai de repos que lorsque je l'aurai fait partir. D'abord, quand madame va rentrer, j'ai quelque chose à dire qui va lui faire donner un bon galop.

JUSTINE.

Quoi donc? dis-nous ce que c'est, Sidonie?

SIDONIE.

C'est par rapport à la.... (*On entend la voix de l'ouvrière.*) Mademoiselle Sidonie, mademoiselle Justine. Madame ! Madame qui arrive ! Vite, vous n'avez qu'une minute ! (*On entend sonner. Les domestiques se précipitent sur l'escalier; Jules monte, oubliant son chapeau sur le buffet; Justine court ranger la chambre de Sidonie; Sidonie va ouvrir la porte après un second coup de sonnette.*)

SCÈNE XVII.

MME GAUBERT, SIDONIE.

MADAME GAUBERT.

Qu'avez-vous, Sidonie? Vous êtes rouge, vous paraissez troublée?

SIDONIE.

C'est que.... je viens de faire une découverte qui ne sera pas agréable à madame.

MADAME GAUBERT.

Quoi? Qu'est-ce donc?

SIDONIE.

Que madame vienne voir. (*Elle ouvre la porte de l'office et fait voir à Mme Gaubert un panier qui contient des porcelaines cassées.*)

MADAME GAUBERT, *stupéfaite*.

Qui est-ce qui a cassé mes belles porcelaines ?

SIDONIE, *avec feu*.

Celui qui brise tout dans la maison, que madame aime et protége parce qu'elle a trop bon cœur ! Celui qui met le désordre partout, qui fait le saint pour plaire à madame et qui est un maladroit, un nigaud et un hypocrite par-dessus le marché ! Je demande bien pardon à madame de parler si librement de son protégé, mais je suis trop attachée à madame, je prends trop ses intérêts, pour pouvoir me taire plus longtemps. Tant que ce garçon sera dans la maison, tout ira de travers, et l'ouvrage de chacun sera gêné par ses niaiseries et sa mauvaise volonté.

MADAME GAUBERT.

Mais, Sidonie, qu'est-ce qui vous prend donc ? Vous me disiez juste le contraire et vous me demandiez toujours de patienter avec Hilaire, de lui donner le temps de se former, d'apprendre le service.

SIDONIE.

Je le disais à madame par pitié pour ce garçon ; mais quand je le vois tromper madame, mettre à tout ce que lui commande madame, une paresse, une négligence coupables, ma conscience me reproche de taire la vérité ; elle me dit que c'est une ingratitude pour toutes les bontés de madame de continuer à l'aveugler sur les défauts de ce garçon. Et puisque j'ai commencé, j'avertis encore madame que son vin fin, ses liqueurs disparaissent. Que madame demande le malaga qu'on a débouché et à peine goûté l'autre jour! J'ai dans l'idée qu'il ne se retrouvera pas et qu'Hilaire fera l'étonné comme si quelqu'un le lui avait pris. Il est si faux! Nous commençons à le connaître, nous, et il faut que madame le connaisse aussi.

MADAME GAUBERT.

Tout ce que vous me dites me surprend au dernier point, Sidonie; je ne puis croire que vous ne soyez pas trompée par votre attachement pour moi! Comment M. Guelfe, qui connaît ce pauvre Hilaire depuis sa naissance, qui l'a recueilli, élevé, qui l'a gardé chez lui jusqu'au moment où il l'a placé chez moi, comment eût-il été trompé à ce point?... C'est impossible! — Avant de parler à Hilaire, je veux voir M. Guelfe, l'interroger encore, lui raconter ce que vous venez de me dire, et....

SIDONIE.

Que madame veuille bien ne pas me nommer à M. Guelfe; je l'en supplie! Ce bon monsieur est si trompé par Hilaire qu'il ferait croire à madame que c'est moi qui suis coupable de haine et de calomnie contre son protégé. Et tout ce que j'ai dit à madame par dévouement et par délicatesse de conscience tournerait contre moi.

MADAME GAUBERT.

Soyez tranquille; je ne vous nommerai pas. Laissez-moi, Sidonie; j'ai besoin de réfléchir avant de prendre un parti.

SCÈNE XVIII.

Mme GAUBERT, seule.

(*Elle paraît troublée et agitée; elle finit par s'asseoir dans un fauteuil.*)

MADAME GAUBERT.

Je ne reviens pas de ce que me dit Sidonie ; j'avoue que j'ai peine à y croire. Et pourquoi ce changement? Après l'avoir protégé, elle tourne contre lui. A l'entendre, Hilaire serait un petit scélérat.... Et il a l'air si doux, si honnête!... Cette porcelaine cassée qu'il cache, me surprend beaucoup. Et ce malaga ! Je veux lui parler, éclaircir ces deux faits qui seraient graves.... (*Elle sonne; Hilaire entre, il paraît embarrassé et triste. Mme Gaubert l'examine, il baisse les yeux et rougit.*)

HILAIRE.

Madame veut-elle me pardonner? Je suis bien coupable; mais c'est par inadvertance, je le jure à madame.

MADAME GAUBERT, *froidement.*

De quoi êtes-vous coupable?

HILAIRE.

J'ai brisé une pile des belles assiettes de madame, et j'aime mieux l'avouer de suite, afin d'avoir la conscience débarrassée et pour que madame ne puisse soupçonner personne.

LE DINER DE MADEMOISELLE JUSTINE. 117

MADAME GAUBERT, *avec douceur.*

Ce que vous faites est bien, Hilaire, et vous avez d'autant plus raison de m'avoir avoué votre maladresse que je la savais; j'ai vu le panier plein des morceaux de porcelaine brisée.

HILAIRE, *surpris et joyeux.*

Et madame ne me gronde pas? Madame veut bien me pardonner?

MADAME GAUBERT.

Mon pauvre garçon, je ne gronde pas pour des maladresses; ce qui me fâche et ce que je ne pardonne pas, ce sont les mensonges, les méchancetés, les infidélités et l'hypocrisie.

HILAIRE.

Oh! que madame a raison! et tous ces vilains défauts ne se corrigent pas facilement et proviennent d'un mauvais naturel, d'un méchant cœur.

MADAME GAUBERT.

Est-ce bien sincère, ce que vous dites là, Hilaire?

HILAIRE.

Oui, madame, c'est ma vraie pensée, depuis que j'ai souvenir de moi-même.

MADAME GAUBERT, *avec hésitation.*

Hilaire, apportez-moi le malaga commencé l'autre jour.

HILAIRE.

Je ne l'ai plus, madame.

MADAME GAUBERT.

Vous ne l'avez plus? Qu'en avez-vous fait?

HILAIRE.

Je l'ai mis dans l'armoire avant-hier, madame, et je ne l'ai plus retrouvé.

MADAME GAUBERT.

Vous avez donc laissé l'armoire ouverte ?

HILAIRE.

J'ai toujours tout fermé, madame, et j'ai les clefs sur moi. Je ne puis comprendre comment ce malaga et bien d'autres choses ont disparu depuis quelques jours, depuis que madame m'a confié les clefs.

MADAME GAUBERT.

C'est assez singulier, car personne autre que vous ne peut ouvrir ces armoires.

HILAIRE.

Madame n'a donné à personne des doubles clefs?

MADAME GAUBERT.

Non; Jules en avait, mais il les a perdues il y a longtemps.

HILAIRE.

Je me suis permis de changer de place les vins, les liqueurs et les provisions; je les ai mis dans le buffet.

MADAME GAUBERT.

Vous avez eu tort; ces armoires sont faites pour serrer les vins et les provisions; les buffets sont pour l'argenterie. Qu'avez-vous mis en place?

HILAIRE.

Si madame veut voir ! (*Il tire de sa poche la clef de l'armoire, approche et pousse un cri.*) Ah !

MADAME GAUBERT.

Qu'avez-vous? Qu'est-ce que c'est?

HILAIRE.

Que madame voie; une clef dans la serrure ! Et voici la mienne !

« A qui ce chapeau ? » Page 121.)

MADAME GAUBERT.

C'est très-singulier ! (*Elle regarde, aperçoit le chapeau, le prend, l'examine.*) A qui est ce chapeau ?

HILAIRE.

Je ne sais pas du tout. (*Il le prend, le regarde, et cherche à lire un nom écrit dans le fond du chapeau.*) Monsieur.... Monsieur.... Je ne peux pas lire.... Tiens, c'est.... M. Jules ! Je crois bien que c'est M. Jules qui est écrit au fond.

MADAME GAUBERT.

Quel Jules ?

HILAIRE.

Le domestique qui était chez madame.

MADAME GAUBERT.

Comment oserait-il venir chez moi ! Aucun de mes gens ne voudrait le recevoir après ce qu'il a fait. (*Elle prend et examine le chapeau.*) C'est pourtant bien son nom qui est écrit au fond. Quelle audace ! c'est donc lui ! je commence à comprendre. Il a gardé les clefs de mes armoires.... Mais comment a-t-il laissé celle-ci ? Et comment sera-t-il venu ici sans que personne l'eût vu entrer ?... Mais c'est effrayant, cela ! Il a probablement les clefs de toutes les chambres ! Je vais parler à Sidonie ! la prévenir, pour qu'elle prenne garde à ce voleur.... (*Mme Gaubert sonne.*)

SCÈNE XIX.

Les précédents, SIDONIE.

MADAME GAUBERT, *fort agitée.*

Sidonie, voyez donc ce que nous venons de trouver, Hilaire et moi! une clef de l'armoire dans la serrure, et le chapeau de Jules. (*Sidonie rougit, pâlit et ne répond pas. Mme Gaubert continue.*) Je devine ce que c'est. Jules aura gardé les clefs qu'il prétendait avoir perdues, et se sera introduit dans l'appartement pour nous dévaliser.

SIDONIE, *tremblante.*

Comment madame peut-elle croire une chose pareille? Jules a eu une vivacité et il a été insolent envers madame, c'est vrai, mais c'est un honnête garçon.

MADAME GAUBERT.

Honnête! Mais vous ne savez donc pas que je l'ai renvoyé parce que je l'ai surpris devant mon bureau qu'il avait ouvert avec une fausse clef; il prenait de l'or à pleines mains et le mettait dans sa poche!

SIDONIE.

Est-il possible! Madame est-elle bien sûre? Et si madame l'a pris sur le fait, comment ne l'a-t-elle pas remis entre les mains de la justice?

MADAME GAUBERT.

Par un reste de pitié pour sa famille et pour lui-même. Mais je l'ai vu, bien vu, et j'en suis sûre

Il faut donc, Sidonie, que vous alliez de suite chez le serrurier, et que vous lui disiez de venir changer toutes mes serrures aujourd'hui même.

SIDONIE.

Oui, madame. (*Sidonie sort avec un air goguenard et se dit tout bas :*) Plus souvent que j'irai; on ne touchera pas aux serrures et Jules entrera quand il voudra; je cours le prévenir.

SCÈNE XX.

Les précédents, CAROLINE et THÉODORE.

CAROLINE.

Vous voilà revenue, maman! Vous avez été longtemps absente.

THÉODORE.

Comme vous avez l'air agité, maman? Et Hilaire a l'air tout effaré.

MADAME GAUBERT.

C'est que nous venons de trouver un chapeau qui doit être à Jules.

THÉODORE.

Ah! il a laissé son chapeau? Comment l'a-t-il apporté ici?

MADAME GAUBERT.

Je suppose qu'il est entré dans la salle à manger.

CAROLINE.

Certainement, il est entré avec tous les autres.

MADAME GAUBERT.

Quels autres?

CAROLINE.

Sidonie, Justine, Antonin.

MADAME GAUBERT.

Qu'est-ce que j'apprends? Comment sais-tu ce que tu me dis là? De qui le sais-tu?

CAROLINE.

Je les ai vus et entendus, maman. Ils étaient tous chez Sidonie, et quand ils ont dit qu'ils allaient venir ici pour chercher une bouteille de vin, je me suis sauvée, et j'ai prévenu Théodore, qui était resté ici, qui a eu peur comme moi, et nous nous sommes cachés dans votre chambre.

MADAME GAUBERT.

Mais comment les aurais-tu vus chez Sidonie, et pourquoi es-tu montée chez Sidonie?

CAROLINE.

Parce que cela sentait si bon ici et dans l'escalier, que j'ai voulu voir ce que c'était; je suis montée, j'ai regardé par la porte vitrée de Sidonie, et j'ai vu un gâteau magnifique, du malaga, du café, des fruits: ils riaient et chantaient tous; c'était très-amusant?

(*Mme Gaubert paraît accablée; elle laisse tomber sa tête dans ses mains.*)

CAROLINE, *inquiète.*

Maman, qu'avez-vous? Êtes-vous malade?

MADAME GAUBERT.

Non, mon enfant, pas malade, mais triste et affligée.

THÉODORE.

Affligée de quoi, maman?

MADAME GAUBERT.

De la conduite de Sidonie, qui me paraît avoir bien mal agi dans tout cela. Je ne sais que croire; je crains d'accuser injustement. Je ne vois qu'un moyen de sortir d'embarras. Hilaire, allez chez M. Guelfe; priez-le de venir me parler pour une affaire pressée. (*Hilaire sort.*) Théodore, as-tu vu ce que dit ta sœur?

THÉODORE.

Non, maman; je n'ai pas voulu monter chez Sidonie, parce que j'avais peur qu'elle ne m'aperçût, et je sais qu'elle n'aime pas que nous y allions quand elle a du monde.

MADAME GAUBERT.

Quand elle a du monde? Quel monde?

THÉODORE.

Justine, Antonin, Jules et d'autres amis.

MADAME GAUBERT.

Et que font-ils là-haut?

THÉODORE.

Ils mangent des gâteaux, des fruits; ils boivent du vin, du café et beaucoup de bonnes choses.

MADAME GAUBERT.

C'est incroyable que je ne l'aie jamais su! Cette Justine, que je croyais si honnête! Cette Sidonie, qui avait toute ma confiance!... Et Hilaire, y allait-il aussi?

THÉODORE.

Non, je ne l'ai jamais vu.

MADAME GAUBERT.

Et toi, Caroline, l'as-tu vu?

CAROLINE.

Non, jamais; il travaille pendant ce temps; aujourd'hui, il nettoyait l'argenterie.

MADAME GAUBERT.

Est-ce qu'il sait nettoyer l'argenterie?

CAROLINE.

Je crois que oui, car il la nettoyait très-vite et très-bien, comme lorsqu'on sait faire une chose.

MADAME GAUBERT.

Et pourquoi, mes enfants, ne m'avez-vous jamais dit qu'on mangeait et qu'on buvait chez Sidonie?

THÉODORE.

Parce que nous avions peur qu'elle ne nous grondât; elle nous défendait très-sévèrement de vous en parler, et nous ne pensions pas que ce fût mal ce qu'elle faisait; alors nous aimions mieux lui faire plaisir en nous taisant.

MADAME GAUBERT.

Et comment Hilaire ne m'a-t-il pas avertie?

SCÈNE XXI.

LES PRÉCÉDENTS, M. GUELFE; *les enfants sortent.*

M. GUELFE, *saluant.*

Hilaire m'a dit, madame, que vous désiriez me parler?

MADAME GAUBERT.

Oui, cher monsieur; veuillez vous asseoir. Je voulais vous parler au sujet d'Hilaire et des gens de ma maison. Sidonie m'a dit tantôt beaucoup de mal d'Hilaire, qu'elle accuse de mensonge, d'infidélité et d'hypocrisie. Dites-moi bien sincèrement ce que vous pensez de ses accusations.

M. GUELFE.

Je pense, madame, que ce sont des mensonges et des calomnies. Hilaire vient de m'ouvrir son cœur, de me demander des conseils. Le résultat de cette conversation a été pour moi la conviction de sa parfaite honnêteté et de son dévouement à vos intérêts. Je ne veux pas encore vous révéler ce qu'il m'a confié, en m'autorisant de vous en faire part si je le jugeais nécessaire; mais je vous demande instamment, pour l'honneur de votre maison, pour la sécurité de votre service et pour la complète justification de mon pauvre Hilaire, de vous assurer par vous-même de ce qui se passe chez vous.

MADAME GAUBERT.

Mais comment m'en assurer, cher monsieur? En ma présence, ils ne feront rien de blâmable.

M. GUELFE.

Il faut qu'ils vous croient absente, madame. Annoncez pour ce soir ou demain un dîner avec vos enfants chez Mme votre sœur, et avertissez que vous rentrerez tard, dix heures, par exemple. Laissez les enfants chez Mme leur tante, et venez avec M. Gaubert suprendre vos gens vers huit heures. Vous verrez ce qui se passe. Je crois pouvoir affirmer que vous trouverez des désordres qui vous éclaireront sur la culpabilité de vos domestiques.

MADAME GAUBERT.

Ce serait facile à arranger; demain matin, j'annoncerai à ma cuisinière et à Sidonie que nous dînons tous chez ma sœur, et que nous allons le soir à Franconi, ce qui nous fera rentrer vers onze heures; et pendant que mes enfants seront au Cirque avec ma sœur et mon beau-frère, nous reviendrons ici, mon mari et moi, et nous tâcherons de surprendre nos gens en faute. Mais Hilaire, que deviendra-t-il pendant ce temps?

M. GUELFE.

Vous pourrez l'emmener, madame; il emportera sa clef, et il pourra vous faire rentrer sans donner l'éveil à personne.

MADAME GAUBERT.

Très-bien! je vous remercie de votre conseil, cher monsieur; il nous sera favorable, je l'espère. Ayez l'obligeance de mettre Hilaire dans la confidence, afin qu'il emporte la clef de l'appartement.

M. GUELFE.

Je le mettrai au courant en m'en retournant chez moi, madame, si vous permettez qu'il m'accompagne jusqu'à ma porte.

MADAME GAUBERT.

Certainement; c'est un vrai service que vous me rendrez; vous viendrez me voir après-demain matin pour savoir le résultat de notre complot. Adieu, cher monsieur; bien des remercîments.

M. GUELFE.

J'espère, madame, que lorsque j'aurai l'honneur de vous revoir, vous serez tranquillisée et surtout débarrassée de vos mauvais serviteurs. Je vous présente mes respects. (*M. Guelfe salue et s'en va. Mme Gaubert donne l'ordre à Hilaire de l'accompagner jusque chez lui. Elle-même se retire dans sa chambre.*)

ACTE II.

Le théâtre représente la chambre de Sidonie dans un grand désordre ; elle et Justine rangent les meubles. Pendant toute la scène elles mettent le couvert.

SCÈNE I.

SIDONIE.

Je crois que c'est bien. Il nous reste à ranger l'appartement et à tout préparer pour le dîner et la soirée.

JUSTINE.

Es-tu sûre que Jules et Antonin soient avertis ?

SIDONIE.

Je crois bien ; madame m'a heureusement prévenue de bonne heure qu'elle dînerait chez sa sœur avec les enfants et qu'on irait à Franconi ensuite. Pendant qu'elle était à la messe avec les enfants, j'ai fait faire le lit et la chambre par Hilaire, et j'ai couru moi-même avertir Jules et Antonin. Je leur ai promis un fameux dîner et une bonne soirée.

JUSTINE.

Le dîner sera bon, mais le malheur, c'est que nous

n'avons ni vin ni liqueurs. Pas moyen d'en avoir seulement une bouteille de ce scélérat d'Hilaire. Et je n'ai pas eu le temps de relancer les amis.

SIDONIE.

Mais, moi, j'y ai pensé; j'ai averti Jules et Antonin, et ils nous en auront du bon et du vieux; tu verras.

JUSTINE.

Leur as-tu recommandé de venir de bonne heure?

SIDONIE.

A six heures précises. Monsieur, madame et les enfants devant partir à cinq heures; il nous fallait le temps de ranger ma chambre. Ils ne vont pas tarder, j'espère. Et le dîner, est-ce qu'il ne va pas brûler, pendant que tu m'aides à mettre le couvert?

JUSTINE.

Sois tranquille, la fille de cuisine a mes ordres : elle sait ce qu'il faut faire.

SIDONIE.

Tu ne crains pas qu'elle nous gâche nos sauces, nos crèmes, nos sucreries?

JUSTINE.

Pas de danger, va; je l'ai stylée! Elle fait sans cesse le dîner des maîtres; elle est presque aussi habile que moi. (*On entend sonner.*) Ah! voilà nos invités! (*Elles approchent les chaises. La porte s'ouvre; Jules et Antonin entrent et saluent.*)

JULES.

Mesdames, bien le bonjour.

ANTONIN.

Mesdemoiselles, j'ai bien l'honneur.

« Je leur ai promis un fameux dîner et une bonne soirée. » (Page 129.)

SIDONIE.

J'ai bien cru hier que tout était perdu quand madame a trouvé votre chapeau, Jules.

JULES.

Et Antonin qui était chez moi et qui n'osait plus sortir !

SIDONIE.

Comment, chez vous?

JULES.

Chez moi, c'est-à-dire dans mon ancien chez moi, dans ma chambre d'autrefois, dont j'ai gardé la clef, et où je viens de temps à autre, vous savez.

SIDONIE.

Le fait est que j'ai eu bien peur et que j'ai cru que nous étions tous découverts. Si cet imbécile d'Hilaire avait seulement dit un mot, je ne sais pas, ma foi, comment je m'en serais tirée; heureusement, le nigaud n'a pas parlé; et moi, j'ai fait l'ignorante sur ce que madame vous avait reproché, et alors madame m'a raconté comme quoi vous aviez ouvert son secrétaire et puisé dedans. Je n'en ai pas cru un mot, vous pensez bien; je connais les maîtres; je sais comment ils parlent de nous autres pauvres domestiques, qui gagnons notre vie en les servant comme des esclaves. Quand ils ont renvoyé un domestique, c'est toujours la même chanson : insolent, paresseux, sale, voleur; voleur, surtout! c'est leur grand mot. Comme si on était voleur pour quelques méchantes bouteilles de vin, quelques gâteaux et autres friandises. Ils en mangent bien, eux! Pourquoi donc n'en mangerions-nous pas aussi?

ANTONIN.

Bravo, Sidonie! C'est bien dit. De même pour les habits, les chaussures des maîtres; ils en ont dix fois plus qu'ils n'en peuvent porter. Le grand mal quand il en disparaîtrait quelques-uns!

SIDONIE.

Et les bouts de dentelles, d'étoffe, les gants, les robes de rebut, est-ce qu'elles savent seulement ce qu'elles en ont! Quand on en prendrait ce qui peut encore nous servir, le grand malheur!

JUSTINE.

Mais si madame le demande?

SIDONIE.

On cherche, on ne trouve pas; on pense que madame l'a donné; et puis, au besoin, on dit que les enfants touchent à tout, farfouillent partout, prennent tout.

JULES.

C'est tout de même commode, les enfants. On peut tout leur mettre sur le dos : le sucre, les friandises, les fruits, les crayons, le papier, les ciseaux, canifs, livres, aiguilles, épingles, pommade, tout enfin.

ANTONIN.

C'est qu'ils se défendent comme de beaux diables!

SIDONIE.

Ah! bah! il ont toujours le dessous! on les agace, on les irrite en soutenant qu'on les a vus toucher, prendre, emporter, etc. Ils se fâchent, ils deviennent impertinents; la maman les gronde et les fait taire, et on ne parle plus de rien.

ANTONIN.

Ah! çà! et le dîner? Nous ne sommes pas ici seulement pour causer, mais aussi pour manger.

LE DINER DE MADEMOISELLE JUSTINE. 135

JUSTINE.

Gourmand! Il ne pense qu'à manger, lui.

ANTONIN.

Je crois bien, quand c'est vous qui faites à manger. Voyons, Justine, qu'avons-nous à dîner?

JUSTINE.

Nous avons des huîtres, un potage aux œufs pochés, un gigot de chevreuil, une belle volaille, un homard en salade, des cardons à la moelle, une croûte aux champignons, un gâteau napolitain et une bavaroise au marasquin.

JULES.

Vive Justine et son dîner! Sac à papier! ce n'est pas de la gargotte, cela.

ANTONIN.

Mais arriverez-vous à payer tout cela sans qu'il y paraisse?

JUSTINE.

On sait s'arranger, allez? C'est le fruitier du coin et le marchand de volaille, gibier et marée, qui fournissent tout. Au lieu de se tuer à aller au marché, on va chez eux, on ne marchande pas, et on a comme ça tout ce qu'on veut, et sans payer, bien entendu.

ANTONIN.

C'est-à-dire, ce sont les maîtres qui payent.

JUSTINE.

Qu'est-ce que cela leur fait? Est-ce qu'ils le savent, seulement? Pourquoi faut-il que je m'échine à courir au marché, à user mes chaussures, pour n'en avoir aucun profit et pour leur faire gagner de l'argent quand ils en regorgent?

JULES.

Et, avec tout cela, nous ne mangeons pas les bonnes choses que nous a annoncées Justine! J'en ai l'eau à la bouche, moi! Avec ça que je n'ai guère déjeuné; me trouvant sans place, je fais des économies.

SIDONIE.

Tiens! c'est vrai, ça! Le pauvre Jules

JUSTINE.

J'y vais, j'y vais. (*Elle sort.*)

SCÈNE II.

LES PRÉCÉDENTS, *moins* JUSTINE.

ANTONIN.

C'est tout de même fort, ce que fait Justine! Elle va se faire pincer un de ces jours!

SIDONIE.

Écoutez donc! Franchement, elle l'aura bien mérité! Elle en met dans ses poches, dans celles de sa mère, de son père! Cette pauvre fille de cuisine, quand on pense qu'elle lui retient tout ses gages, pour payer, soi disant, son apprentissage?

JULES.

Quant à ça, c'est l'usage! Tous les chefs et cuisinières en font autant.

ANTONIN.

Oui; mais, tout de même, on laisse à l'apprenti une pièce de cent sous pour payer sa chaussure.

Voici le potage. Page 140.

SIDONIE.

Et avec Justine, c'est rien, mais rien du tout!... Qu'est-ce qu'elle fait donc avec son dîner? Le temps se passe! Je vais voir à la presser un peu. (*Elle sort.*)

SCÈNE III.

ANTONIN, JULES.

ANTONIN, *riant*.

Voilà une bonne langue et une bonne amie, cette Sidonie.

JULES, *riant*.

Elle est méchante comme une vipère! Je la connais bien! J'ai été avec elle ici, pendant un an! Il n'y a pas de méchanceté qu'elle n'invente. Et paresseuse! Il faut voir! Rien de raccommodé, rien rangé, rien nettoyé!

ANTONIN.

Ce n'est pas elle qui t'a fait partir d'ici, par hasard?

JULES.

C'est bien possible! je n'en sais rien. Elle et Justine me donnent à manger; Sidonie m'aide à conserver ici mon ancienne chambre sans que personne le sache. Alors, tu comprends. Je ne dis rien, je la laisse faire.

ANTONIN.

Mais comment fais-tu, sans argent! Car tu n'en avais guère, quand tu as été renvoyé, m'as-tu dit?

JULES, *embarrassé*.

Mais d'abord, tu vois que mon logement et ma

nourriture ne me coûtent pas grand'chose. Et quant à l'argent courant, Sidonie ne lésine pas pour me donner une pièce de cinq francs de temps à autre.

SCÈNE IV.

Les précédents, JUSTINE et SIDONIE
apportent plusieurs plats.

JUSTINE, *mettant sur la table.*

Voilà! ce sont les huîtres qui ont fait attendre! Voici le potage, le chevreuil, la volaille et le homard. La fille montera le reste quand nous appellerons.

SIDONIE *dépose sur la table six bouteilles de vin.*

Et voilà le vin apporté par ces messieurs! Jules, débouchez le Sauterne pour boire après les huîtres. Chacun ses deux douzaines. (*Ils se mettent à table, mangent et boivent.*)

ANTONIN, *mangeant.*

Des huîtres fraîches comme Vénus sortant des ondes.

JUSTINE, *buvant.*

Et un vin qui ne les gâte pas.

SIDONIE.

Bon potage! Bouillon soigné!

JUSTINE, *riant.*

Bouillon! comme c'est parlé! Dites donc *consommé!*

SIDONIE.

Consommé, si tu veux.

« Monsieur! » (Page 144.)

JULES, *saluant.*

Consommé comme le talent de Mlle Justine!

JUSTINE.

Et corsé comme l'esprit de M. Jules. (*Elle découpe.*) Je coupe le chevreuil! chacun deux tranches!

ANTONIN.

Et ce n'est pas trop! Chevreuil exquis! Une sauce qui en ferait manger jusqu'à demain!

JULES, *offrant du vin.*

Bordeaux ou Volnay?

ANTONIN.

Des deux, mon cher! Volnay d'abord, bordeaux ensuite. (*Ils continuent à boire et à manger et ils ne s'aperçoivent pas que la porte s'est doucement entr'ouverte.*)

JUSTINE, *riant.*

Dis donc, Sidonie, si les maîtres nous surprenaient! Vois-tu la figure qu'ils feraient!

ANTONIN.

Et que nous ferions aussi!

JULES.

Heureusement qu'ils ont leur Franconi! Car ils ne pensent qu'à s'amuser, ces gens-là. C'est surprenant, en vérité?

SIDONIE.

Et à quoi voulez-vous qu'ils pensent! Des gens sans cœur! Des égoïstes! Allez! il méritent bien les tours que nous leur jouons.

JUSTINE.

C'est qu'ils sont bêtes; il faut voir! ils ne se doutent de rien!

SIDONIE.

Si vous aviez vu la figure que faisait madame, quand

je lui débitais une tartine d'attachement, de dévouement et de conscience à propos de ce petit gredin d'Hilaire! C'est qu'il fallait le faire partir à tout prix; il en savait trop !

JULES.

Oui, vous nous l'aviez promis; il va falloir s'en débarrasser le plus tôt possible! Et ne pas laisser à madame le temps de se reconnaître.

SIDONIE.

Ce ne sera pas difficile, je pense; elle écoutait ce que je lui disais avec un air bonasse qui a manqué me faire éclater de rire.

JUSTINE.

C'est bête, ces maîtres; on ne s'en fait pas d'idée!

JULES.

Il y en a tout de même qui sont fûtés. Il ne faut pas toujours s'y fier. Le tout est de bien calculer son affaire et de ne pas se laisser prendre. (*Ils continuent à manger et à boire et paraissent pris de vin ; ils chantent et parlent tous à la fois; Justine se lève.*)

JUSTINE.

Je vais appeler la fille pour qu'elle nous monte les cardons, les champignons, le gâteau et la crème au marasquin. (*Elle va à la porte, l'ouvre, pousse un cri d'effroi et tombe à genoux; les camarades se lèvent précipitamment et restent saisis en apercevant M. Goubert.*)

TOUS ENSEMBLE.

Monsieur!

Trois sergents de ville entrèrent dans la chambre. (Page 148.)

SCÈNE V.

Les précédents, M. et Mme GAUBERT *entrent et regardent les domestiques tout avinés.*

M. GAUBERT.

Malheureux! c'est ainsi que vous reconnaissez les bontés de ma femme et les miennes! Payés largement, nourris abondamment, traités doucement, avec confiance et affection, vous pouviez et vous deviez vous attacher à la maison et désirer y passer votre vie! Au lieu de la reconnaissance, nous trouvons de la haine et de la méchanceté. Vous allez être tous traités comme vous le méritez; vous, Antonin, vous allez être démasqué près de votre maître ce soir même.... Vous, Sidonie, et vous, Justine, je vous chasse immédiatement; vous pouvez suivre votre ami Antonin.

SIDONIE, *qui s'est consultée avec ses camarades.*

On ne chasse pas ainsi les gens, monsieur! Vous nous devez huit jours de gages, de nourriture et de logement; nous ne partirons pas que vous ne nous ayez indemnisés des huit jours que vous nous devez.

M. GAUBERT.

Vous n'aurez pas un centime, et vous déguerpirez tout à l'heure quand je vous en donnerai le signal.

JUSTINE.

C'est ce que nous allons voir. Antonin et Jules ne nous laisseront pas voler ainsi; ils témoigneront en justice; nous vous assignerons devant le juge de paix.

M. GAUBERT.

Taisez-vous, vous êtes tous à moitié ivres ; laissez-moi terminer ce que j'ai à vous dire.

JULES.

On ne parle pas comme ça à des dames! C'est grossier, c'est impertinent.

M. GAUBERT.

Insolent! Tu auras ton tour. Je ne t'oublierai pas

JULES, *ivre.*

Insolent vous-même! Je ne suis plus à votre service et vous n'avez pas le droit de m'insulter. Quant à ces dames, Antonin et moi nous saurons les défendre, et prenez garde à ce qui pourrait vous arriver.

M. GAUBERT, *froidement.*

Puisque vous me provoquez, je n'hésite plus à vous punir tous comme vous le méritez, et votre ivresse ne vous sera pas une excuse. (*Il se tourne vers la porte.*) Sergents, vous avez tout entendu comme moi? Arrêtez ces gens-là! Celui-ci (*montrant Jules*) doit être emmené à part comme m'ayant volé de l'argent à l'aide de fausses clefs; il doit passer en cour d'assises; les autres en correctionnelle. (*Trois sergents de ville entrent dans la chambre; Jules et Antonin veulent se défendre ; Jules tire un couteau-poignard de sa poche; deux sergents de ville le désarment et le garrottent. Antonin est aussi facilement terrassé; Sidonie et Justine crient et se débattent, donnent des coups d'ongles, des coups de pied; on les saisit également; les sergents de ville emmènent Jules, Antonin, Sidonie et Justine.*)

« Je n'aurais jamais cru chose pareille. » (Page 151)

SCÈNE VI.

M. ET Mme GAUBERT.

MADAME GAUBERT.

Je n'aurais jamais cru chose pareille, si je n'avais vu de mes yeux et entendu de mes oreilles. Cette Sidonie que j'aimais et à l'affection de laquelle je croyais si fermement! Quel langage! Quelle fausseté et quelle ingratitude! Pauvres gens! Quelle position ils perdent, et quel avenir ils se sont fait.

M. GAUBERT.

Ma chère amie, je reconnais aujourd'hui plus que jamais, la vérité de ce que nous disait ce bon monsieur Guelfe, en nous donnant Hilaire. « Prenez des serviteurs chrétiens si vous désirez être bien servis; l'amour de Dieu disposera le serviteur chrétien à aimer son maître; la fidélité envers Dieu rendra le serviteur fidèle envers son maître. L'habitude du service de Dieu donnera au serviteur l'intelligence et la volonté du service de son maître. Et le courage de braver pour Dieu les moqueries et le blâme, donneront au serviteur le courage de repousser les mauvais conseils et les tentations qui le détourneraient du service de son maître. »

MADAME GAUBERT.

Oui, il avait raison, et à l'avenir gardons-nous de prendre des domestiques sans foi et sans religion pratique. Mais comment allons-nous faire avec Hilaire seul pour nous servir?

M. GAUBERT.

Nous tâcherons de trouver le plus tôt possible femme de chambre et cuisinière.

MADAME GAUBERT.

L'abbé Guelfe me disait, il y a quelques jours, que notre fille de cuisine était une brave fille.

M. GAUBERT.

Nous verrons cela demain; à présent retournons chez votre sœur pour ramener les enfants

MADAME GAUBERT.

Et voyez, mon ami, à ce qu'on ne traite pas trop durement ces malheureux, surtout les femmes. Pauvre Sidonie et pauvre Justine! Quelle nuit elles vont passer!

M. GAUBERT.

J'irai voir demain comment elles se trouvent dans leur nouvelle position et je donnerai quelque argent pour qu'elles ne soient pas trop mal; mais franchement, je ne peux les plaindre de payer le dîner de Mlle Justine. (*Ils sortent.*)

ON NE PREND PAS LES MOUCHES

AVEC DU VINAIGRE

PERSONNAGES.

Mme D'ULSAC, 33 ans.
Mme D'ATALE, sa sœur, 30 ans.
Mme D'EMBRUN, leur cousine, 65 ans.
MALTHILDE D'ULSAC, 13 ans.
CLÉMENCE D'ULSAC, 11 ans.
Mlle OCTAVIE, leur institutrice, 25 ans.
BERTHE D'ATALE, 12 ans.
ALICE D'ATALE, 10 ans.
GUILLAUME, vieux domestique, 61 ans.

La scène se passe dans le château de Mme d'Ulsac.

ACTE PREMIER.

SCÈNE I.

Mlle OCTAVIE, MALTHILDE et CLÉMENCE.

MADEMOISELLE OCTAVIE.

Voyons votre dictée, Mathilde. (*Mathilde lui présente son cahier.*) Très-bien, mon enfant; bien écrit, deux fautes seulement dans toute une page....

MATHILDE.

Comment, deux fautes? Je croyais ne pas en avoir du tout.

MADEMOISELLE OCTAVIE.

Il y en a bien deux. Voyez vous-même. R*i*nocéros au lieu de R*h*inocéros; et Hi*p*opotame au lieu de Hi*pp*opotame.

MATHILDE.

Oh! mademoiselle; ce ne sont pas des fautes cela! des noms d'histoire naturelle!

MADEMOISELLE OCTAVIE.

Et pourtant il a fallu corriger; donc ce sont des fautes.

MATHILDE.

Que c'est ennuyeux! J'espérais tant gagner ma pièce de cinquante centimes?

MADEMOISELLE OCTAVIE.

Ce sera peut-être pour demain; mais pourquoi tenez-vous tant à gagner ces cinquante centimes?

MATHILDE.

Ah! il m'en faut bien d'autres.

CLÉMENCE.

Et à moi aussi! Il m'en faut beaucoup.

MADEMOISELLE OCTAVIE, *souriant*.

Vous allez donc acheter des choses superbes!

MATHILDE.

Superbes non, malheureusement; mais très-utiles; une layette pour le pauvre petit enfant de la femme Léger.

MADEMOISELLE OCTAVIE, *avec gaieté*.

Alors continuez vos leçons, si vous voulez avoir assez d'argent pour vos emplettes. (*Mathilde et Clémence se mettent au travail avec ardeur : la porte s'ouvre, Berthe passe la tête et entre précipitamment.*)

SCÈNE II.

Les précédents, BERTHE.

BERTHE.

Mademoiselle, me permettez-vous de me cacher chez vous? ma cousine d'Embrun me cherche partout.

MADEMOISELLE OCTAVIE.

Mais, ma pauvre enfant, vous avez tort de vous cacher si Mme d'Embrun vous cherche Il faut au contraire aller au-devant d'elle.

BERTHE.

Oh! non, mademoiselle; elle me cherche pour m'enfermer dans un cabinet noir. Alice y est déjà; elle s'est laissé prendre; et moi je me suis sauvée.

MATHILDE.

Pourquoi Mme d'Embrun veut-elle t'enfermer avec Alice?

BERTHE.

Parce qu'elle est méchante comme toujours. Elle prétend que nous nous tenons mal et elle veut nous faire travailler avec une ceinture de fer et des plaques dans le dos, qui font un mal affreux et qui nous empêchent de remuer les bras et la tête. Elle appelle cela *la ceinture de bonne tenue*. C'est méchant à elle et je n'en veux pas.

CLÉMENCE.

Et la pauvre Alice est enfermée?

BERTHE.

Oui; Mme d'Embrun est parvenue à la prendre; lui a mis le collier et les plaques et elle l'a enfermée dans le cabinet noir pour la punir d'avoir résisté; pendant qu'on l'enfermait et qu'elle criait, je me suis sauvée. Je vous en prie, mes bonnes cousines et ma bonne demoiselle, cachez-moi.

MADEMOISELLE OCTAVIE.

Ma pauvre petite, je ne peux pas vous aider à désobéir à Mme d'Embrun, à laquelle votre maman vous a confiée pendant son voyage aux eaux.

BERTHE.

Oh! mademoiselle, je vous en prie. Elle va venir, bien sûr, et je serai perdue.

MADEMOISELLE OCTAVIE.

Écoutez, mon enfant, tout ce que je puis faire, c'est de m'en aller dans ma chambre et vous laisser avec vos cousines, qui feront comme elles l'aimeront mieux. (*Mlle Octavie sort.*)

SCÈNE III.

MATHILDE, CLÉMENCE, BERTHE.

(*Mathilde et Clemence courent à Berthe et cherchent une bonne cachette. Pendant qu'elles vont d'un endroit à l'autre, on entend la voix de Mme d'Embrun.*)

BERTHE, *pleurant.*

Mon Dieu, mon Dieu, sauvez-moi! Que vais-je devenir? *Mathilde et Clémence la poussent sous la table recouverte d'un tapis tombant à terre : elles se remettent précipitamment au travail. Mathilde saisit un livre qu'elle tient le haut en bas; Clémence attrape un crayon au lieu d'une plume. A peine sont-elles installées que Mme d'Embrun entre.)*

SCÈNE IV.

Les précédentes, Mme D'EMBRUN.

MADAME D'EMBRUN, *regardant de tous côtés, d'un air méfiant.*

Vous êtes seules, mesdemoiselles! personne avec vous?

MATHILDE.

Mlle Octavie est allée dans sa chambre, madame.

MADAME D'EMBRUN.

Seule!

CLÉMENCE.

Oui, madame, seule.

MADAME D'EMBRUN, *s'approchant des enfants.*

Il paraît qu'on ne travaille pas beaucoup en son absence.

MATHILDE.

Pourquoi pensez-vous cela, madame?

MADAME D'EMBRUN.

Parce que vous, Mathilde, vous tenez votre livre la tête en bas. (*Mathilde rougit et retourne son livre.*) Et vous, Clémence, vous tenez un crayon pour continuer votre page commencée à l'encre. (*Clémence pose le crayon et prend sa plume en rougissant.*) Et quel air embarrassé vous avez! De vraies mines de coupables! Voilà ce que c'est que de gâter les enfants! On vous laisse faire toutes vos volontés. Il en résulte de jolies choses!

MALTHILDE, *vivement.*

Maman et notre chère Mlle Octavie n'ont pas à se plaindre de nous, madame; ainsi vous pourriez vous dispenser de blâmer devant nous l'éducation qu'elles nous donnent.

MADAME D'EMBRUN.

Éducation qui vous rend polies et charmantes, en vérité! Ah! si je vous élevais, moi, ce serait autre chose!

MATHILDE.

Oui, ce serait autre chose, car nous serions malheureuses au lieu d'être heureuses.

CLÉMENCE.

Et méchantes et paresseuses comme le sont devenues Berthe et Alice.

BERTHE, *dessous la table.*

Ce n'est pas vrai, je ne suis pas méchante quand ma cousine n'est pas là!

MADAME D'EMBRUN.

Qu'est-ce que j'entends! Voilà la cause de l'embarras et de l'impertinence! Sortez de votre cachette, mademoiselle, et suivez-moi! (*Pendant que Mme d'Embrun parle, Berthe sort à quatre pattes de dessous la table du côté opposé à Mme d'Embrun, et se glisse jusqu'à une porte entr'ouverte donnant dans le jardin. Mme d'Embrun attend quelques instants, et ne voyant*

« Sortez de votre cachette, mademoiselle. » (Page 160.)

pas apparaître Berthe, elle soulève le tapis, ne voit personne et témoigne une grande surprise.)

MADAME D'EMBRUN.

Qu'est-ce donc? Elle était là dans l'instant! Je suis sûre de l'avoir entendue là sous la table. Mathilde, Clémence, dites-moi où est votre cousine! Entendez-vous! Parlez, je vous l'ordonne.

MATHILDE, *riant*.

Je ne puis rien vous dire, madame, puisque je ne sais rien.

MADAME D'EMBRUN.

Mais vous savez où elle est? Qu'est-elle devenue?

CLÉMENCE, *riant*.

Je vous assure, madame, que nous n'en savons rien, pas plus que vous. Cherchez, voyez si vous la trouverez.

MADAME D'EMBRUN.

C'est bien, c'est bon, mesdemoiselles. Je vais tâcher de trouver Berthe, et quand je l'aurai, je punirai cette péronnelle comme elle le mérite. (*Mme d'Embrun sort très-animée.*)

SCÈNE V.

MATHILDE, CLÉMENCE.

MATHILDE, *riant*.

C'est singulier tout de même! Par où a-t-elle pu passer?

CLÉMENCE.

Je ne comprends pas; je regardais Mme d'Embrun

qui nous lançait des regards effroyables et je n'ai pas vu Berthe s'en aller.

MATHILDE.

Ne serait-elle pas sortie par la porte du jardin ?

CLÉMENCE.

Je ne pense pas ; Mme d'Embrun l'aurait vue !

MATHILDE.

Mais non ; regarde donc comme c'est près.

CLÉMENCE.

C'est vrai ! La voilà sauvée pour le moment ! Et la pauvre Alice, elle me fait pitié, enfermée dans ce cabinet noir avec cette affreuse ceinture qui la gêne quand elle baisse la tête. Je vais tâcher de la délivrer ; attends-moi ici ; je reviens dans un instant. (*Elle sort.*)

SCÈNE VI.

MALTHIDE, *seule*.

Pauvre Alice ! Et pauvre Berthe ! Comme elles sont tourmentées depuis que leur cousine d'Embrun a remplacé leur maman. C'est malheureux que maman et ma tante soient aux eaux toutes les deux ! Maman aurait certainement empêché Mme d'Embrun de traiter mes cousines avec tant de sévérité ! Si ma tante avait su qu'elle mènerait ainsi mes cousines, elle ne les lui aurait pas confiées !.... Et quel bonheur que maman nous ait trouvé notre chère chère Mlle Octavie ! Elle est si douce, si patiente, si bonne et si juste qu'on ne peut être ni méchante, ni paresseuse avec elle.

SCÈNE VII.

MATHILDE, CLÉMENCE ET ALICE, *effrayée*.

CLÉMENCE.

Mathilde, aide-moi vite à lui ôter cette abominable ceinture, avec cette plaque de fer sur le dos et cette branche de fer qui lui prend le menton. Dépêchons-nous! Si Mme d'Embrun allait revenir! Elle nous reprendrait la pauvre Alice.

MATHILDE.

Nous ne la laisserons pas reprendre! Donne-moi des ciseaux que je coupe les lacets! Là! voilà tout défait; cachons Alice et surtout cette machine. Où la mettre?

CLÉMENCE.

Par la fenêtre! Dehors!

MATHILDE.

On la retrouverait! Attends! au fond de la cruche! Et ce soir, je demanderai à ma bonne de la jeter au feu de la cuisine!

ALICE.

Oh! merci, mes bonnes cousines! Quel bonheur d'être délivrée de cette machine qui serre, qui fait mal au dos, à l'estomac, au menton. Mais il y en a une autre chez ma cousine d'Embrun. Si vous pouviez la brûler aussi!

CLÉMENCE.

Je vais tâcher de l'avoir. (*Clémence veut sortir; elle*

aperçoit Mme d'Embrun qui cherche toujours Berthe. Elle rentre précipitamment. « Mme d'Embrun ! » *dit elle à mi-voix. Alice pousse un cri étouffé, Mathilde la fait vivement sortir par la porte du jardin.*)

MALTHILDE, *à demi-voix.*

Tâche de rejoindre Berthe, qui est quelque part par-là.

SCÈNE VIII.

MATHILDE, CLÉMENCE, Mme D'EMBRUN.

MADAME D'EMBRUN *paraît fort contrariée; elle se pose dans un fauteuil avec majesté et conserve un air très-solennel.*

C'est vraiment incroyable ! D'oser me faire courir ainsi ! Et par une chaleur pareille ! J'ai bien vu des enfants dans ma vie ! Jamais aucun ne s'est permis des choses pareilles ! (*Se tournant vers Mathilde et Clémence.*) Et vous, mesdemoiselles, qui favorisez les insolences de votre cousine, vous serez punies comme elle. Je l'exigerai de Mlle Octavie !

MATHILDE, *avec calme.*

Comme nous ne sommes pas coupables, madame, je ne crains pas la punition dont vous nous menacez.

MADAME D'EMBRUN.

Pas coupables ! petite mal élevée ! Pas coupables, quand vous aidez votre cousine à se soustraire à ma justice !

MATHILDE.

Ne dites pas *justice*, madame, dites... (*Elle se tait.*)

« Dépêchons-nous! Si Mme d'Embrun allait revenir! » (Page 165.)

MADAME D'EMBRUN.

Quoi? Que voulez-vous dire?

MATHILDE.

Je veux parler de cette ceinture à plaque dans le dos, et une fourche de fer sous le menton, qui fait souffrir et qui est cruelle pour mes pauvres cousines. Et comment voulez-vous qu'elles travaillent avec cette machine?

MADAME D'EMBRUN.

Puisque vous êtes si bien informée, Mlle Chipie, c'est que vous avez vu Berthe, que vous avez causé avec elle, que vous savez où elle est, que vous l'aidez à se cacher et que vous êtes coupable comme elle.

MATHILDE.

C'est ce que Mlle Octavie décidera tout à l'heure, madame. Tout justement la voici.

SCÈNE IX.

Les précédentes, Mlle OCTAVIE.

MADAME D'EMBRUN *se dirige avec dignité vers Mlle Octavie.*

Ma chère demoiselle, je vous préviens que j'exige une punition exemplaire pour ces demoiselles, et surtout pour l'insolente Mahilde.

MADEMOISELLE OCTAVIE.

Qu'ont fait mes pauvres filles pour exciter à ce point votre indignation, madame?

MADAME D'EMBRUN, *avec indignation*.

Elles ont arraché Berthe à la punition qu'elle méritait; elles ont aidé à sa fuite! Elles persistent à la cacher; elles m'ont fait courir au point de me mettre en nage, et pour terminer, elles me répondent des insolences et m'accusent de cruauté.

MADEMOISELLE OCTAVIE.

Pardon, madame, si je témoigne quelque doute sur cette accusation; mes élèves sont toujours si polies! Veuillez vous asseoir, madame, et prendre un peu de repos.

MADAME D'EMBRUN, *étonnée*.

Pourquoi?

MADEMOISELLE OCTAVIE.

Pour vous reposer, madame. Vous êtes si échauffée d'avoir marché trop précipitamment, que le repos ne peut que vous faire du bien. Quand votre émotion sera calmée, madame, vous voudrez bien m'expliquer vos sujets de plainte.

MADAME D'EMBRUN.

Je porte plainte contre elles parce qu'elles ont caché Berthe! Mais je veux l'avoir. J'exige qu'on me la rende.

MADEMOISELLE OCTAVIE.

Vous la rendre dans l'état d'exaspération où vous êtes, madame, serait peut-être fâcheux pour vous comme pour elle. Au reste, j'ignore complétement où elle est.

MATHILDE.

Et nous aussi, madame; ni Clémence ni moi nous ne savons ce qu'elle est devenue.

MADAME D'EMBRUN.

Vous ne me le ferez pas croire mesdemoiselles, et je trouve votre conduite très-ridicule. (*Elle sort.*)

SCÈNE X.

Mlle OCTAVIE, MATHILDE, CLÉMENCE.

MADEMOISELLE OCTAVIE.

C'est malheureux pour vos cousines de se trouver sous la direction de Mme d'Embrun ; mais il faudra bien qu'elles finissent par se soumettre ; car enfin, Mme d'Embrun est cousine de leur mère, qui l'a priée de s'occuper de ses filles pendant qu'elle irait aux eaux de Vichy, et il faut bien qu'elles obéissent à la volonté de leurs parents. Où sont-elles, ces pauvres petites ?

MATHILDE.

Je ne sais pas du tout, mademoiselle ; c'est la pure vérité.

MADEMOISELLE OCTAVIE.

Comment ? Je vous ai laissées ici, vous laissant le champ libre de cacher Berthe si vous le vouliez !

MATHILDE.

Aussi l'avons-nous cachée sous la table ; elle a eu l'imprudence de parler ; Mme d'Embrun lui a ordonné de sortir de sa cachette ; et, comme Berthe ne venait pas, Mme d'Embrun a regardé sous la table et n'a pas trouvé Berthe ; elle a cru que Clémence et moi nous l'avions cachée, et pourtant Berthe s'est sauvée sans que nous l'ayons vue, et nous ne savons pas par où elle s'est échappée.

CLÉMENCE.

Je crois qu'elle est sortie à quatre pattes par la

porte du jardin; je ne vois pas d'autre moyen d'expliquer sa disparition. Quant à Alice, j'ai été la délivrer pendant que Mme d'Embrun cherchait Berthe, et je l'ai fait évader par le jardin au moment où Mme d'Embrun entrait ici et voulait nous obliger à lui rendre Berthe.

MADEMOISELLE OCTAVIE.

C'est singulier qu'elle ait disparu ainsi. J'en suis réellement inquiète.

MALTHILDE.

Voulez-vous, chère demoiselle, que nous allions les chercher toutes les deux?

MADEMOISELLE OCTAVIE.

Oui, mes chères petites, allez et tâchez de les ramener.

SCÈNE XI.

MLLE OCTAVIE, *seule*.

MADEMOISELLE OCTAVIE.

Ce que c'est pourtant qu'une trop grande sévérité? Ces deux petites filles étaient très-gentilles jadis; depuis six semaines que Mme d'Embrun les a sous sa direction, elle les rend méchantes et indociles à force de les reprendre, de les gronder inutilement, et de les punir injustement! Au reste tout cela va finir! Les mamans reviennent demain; je ne crois pas que Mme d'Atale soit contente du changement qu'ont subi ses filles.

SCÈNE XII.

MADEMOISELLE OCTAVIE ; MADAME D'EMBRUN *entre fort agitée ; elle se jette sur une chaise près de la table.*

Je suis effrayée, inquiète. Pas moyen de trouver Berthe ! Et, bien mieux, figurez-vous qu'Alice est également disparue. Vos petites les cherchent dans le jardin, dans tout le parc. J'ai envoyé tous les domestiques à leur recherche. Que deviendrai-je, mon Dieu, si on ne les retrouve pas ? Pourvu que Berthe n'ait pas été du côté de l'étang, du puits, de la fontaine ! Je ne sais pas, moi ! On peut tout supposer !

MADEMOISELLE OCTAVIE.

Je vous plains, madame, car ce genre d'inquiétude est terrible quand on a la responsabilité des enfants et surtout....

MADAME D'EMBRUN.

Surtout quoi ?... Dites donc ?... surtout quoi ?

MADEMOISELLE OCTAVIE.

Surtout quand on aurait peut-être pu, par plus de douceur, de condescendance, s'éviter des reproches.

MADAME D'EMBRUN.

Des reproches de quoi ?

MADEMOISELLE OCTAVIE.

De sévérité excessive ! je le pense, du moins. Croyez-moi, madame, ce système d'éducation est dangereux,... pardonnez-moi si j'ajoute mauvais.

MADAME D'EMBRUN.

Mais je vous assure qu'il faut de la sévérité avec les enfants, sans quoi ils deviennent désobéissants, impertinents, paresseux, menteurs! Chez M. Northson, chez M. Castwind, chez Mme Southway, trois grandes familles avec lesquelles j'ai beaucoup vécu du vivant de mon mari, quand il était ministre aux États-Unis, les enfants étaient élevés à obéir comme des machines : les institutrices avaient permission d'user de toutes les punitions et privations nécessaires; elles en ont fait des enfants étonnants; cette ceinture, que vos petites trouvent cruelle, je l'ai toujours vu employer pour le travail, pour empêcher les défauts de la taille, et c'est de New-York que je l'ai apportée; et on comprend que ce moyen réussisse, de même que le collier de force rend les chiens d'arrêt dociles et excellents. La sévérité et les punitions sont les grands moyens d'action; le reste, remontrances douces, gronderies de second ordre, est insuffisant.

MADEMOISELLE OCTAVIE.

Mais, madame, pourquoi mes petites, que je ne punis jamais, que je ne gronde presque jamais, que j'aime et auxquelles je le témoigne, sont-elles si obéissantes, si consciencieuses, si aimables, si pieuses, si bonnes, tandis que Berthe et Alice, qui se trouvent sans cesse grondées, punies, deviennent de jour en jour plus indociles, plus révoltées, plus difficiles à mener ?

MADAME D'EMBRUN.

Parce que je ne suis près d'elles que depuis six semaines, et qu'elles se sentent soutenues par leur bonne, par leurs cousines, et par vous, mademoiselle.

MADEMOISELLE OCTAVIE.

Mais, madame, il y a deux ans que je les connais, qu'elles viennent passer six mois de l'année ici, à la campagne, chez leur tante, Mme d'Ulsac. Je vous assure qu'elles étaient très-bonnes, très-gentilles ; leur changement date du jour où vous avez bien voulu, par amitié pour les parents, vous charger de les diriger en l'absence de Mme d'Atale. Vous me reprochez de les soutenir, madame ; leur mère, redoutant un peu trop de sévérité de votre part, m'a priée de ne pas les abandonner et de les protéger en cas de nécessité. Voilà pourquoi je me permets de me mêler de leurs affaires, et de soutenir quelquefois ces pauvres enfants dont j'ai réellement pitié.

MADAME D'EMBRUN.

Tenez, ma chère demoiselle, savez-vous le résumé de tout ce que vous dites ? C'est que nos enfants français sont très-mal élevés, qu'ils sont gâtés, qu'ils se tiennent mal, qu'ils parlent trop, qu'ils ont des jeux de gamins, qu'ils ne connaissent plus la politesse française, les bonnes manières. C'est cela que je voulais donner à mes petites cousines pendant l'absence de leurs parents, mais je crois que je dois y renoncer et les laisser redevenir des fille mal élevées, se tenant mal et parlant à tort et à travers. (*Elle se lève.*) Avec tout cela, ces vilains enfants ne se retrouvent pas. Je ne sais que faire ! Pourvu qu'ils ne soient pas noyés dans quelque bassin ! C'est terrible ! (*Elle se dirige vers la porte.*)

BERTHE, *sous la table.*

Soyez tranquille, elles vont bien. (*Mme d'Embrun s'arrête stupéfaite. Mlle Octavie paraît non moins étonnée.*)

MADAME D'EMBRUN *se retourne, avance vers la table, soulève le drap.*

Rien! Berthe n'y est pas. C'est étonnant! Voilà la seconde fois que je l'entends là et qu'elle n'y est pas. *Mlle Octavie soulève le drap, regarde, ne voit personne et paraît fort surprise.*)

SCÈNE XIII.

LES PRÉCÉDENTES, MATHILDE ET CLEMENCE.

MATHILDE.

Madame, nous avons trouvé Alice dans le jardin; elle cherchait Berthe que personne n'a vue; je ne comprends pas où elle est allée.

MADEMOISELLE OCTAVIE.

Elle vient de parler tout à l'heure de dessous la table; nous avons regardé, il n'y avait plus personne.

MATHILDE, *surprise.*

Comment! par où donc passe-t-elle? Voilà deux fois qu'elle apparaît et disparaît.

MADEMOISELLE OCTAVIE.

Je vais parler à Guillaume; peut-être saura-t-il ce qu'elle devient.

MADAME D'EMBRUN.

Je vous suis, mademoiselle, et nous tâcherons aussi d'avoir Alice. (*Elles sortent.*)

SCÈNE XIV.

MATHILDE, CLÉMENCE, BERTHE *avance la tête par la porte du jardin.*

BERTHE, *à mi-voix.*

Elle est partie? (*Elle regarde de tous côtés et entre tout à fait.*) Oui, elle est partie et je suis en sûreté.

CLÉMENCE.

D'où viens-tu? Où as-tu été?

BERTHE.

Je viens de la serre et j'ai été tout le temps dans la serre, ici à côté de la porte.

MATHILDE.

Ce n'est pas possible? Mme d'Embrun y a été avec nous; tu n'y étais pas!

BERTHE

J'y étais, et c'est parce que Mme d'Embrun était avec vous que je me suis gardée de répondre et de me montrer.

CLÉMENCE.

Où étais-tu donc cachée?

BERTHE.

Derrière les géraniums du coin.

MATHILDE.

Comment as-tu fait? Tous les pots étaient parfaitement rangés; pas un de déplacé.

BERTHE.

Parce que Guillaume les a replacés après m'avoir fait passer derrière.

CLÉMENCE

Ah! Guillaume t'a aidée?

BERTHE.

Oui; tu sais qu'il nous vient toujours en aide, ce bon vieux Guillaume.

MATHILDE.

Mais comment as tu fait pour t'échapper de dessous la table?

BERTHE.

A quatre pattes; la porte était entr'ouverte; je n'avais que deux pas à faire pour me trouver dehors.

MATHILDE.

Et pourquoi y es-tu revenue? car tu as parlé une seconde fois sous la table.

BERTHE.

J'étais fatiguée et ennuyée de rester accroupie derrière mes géraniums. Je suis rentrée comme j'étais sortie, voulant vous prévenir de ne plus me chercher; mais à peine avais-je passé le seuil de la porte, que j'ai entendu la voix de ma cousine d'Embrun; je me suis vite blottie sous la table.

MATHILDE.

Et comment as-tu osé parler au risque d'être prise?

BERTHE.

Parce que j'ai entendu la conversation de ma cousine avec Mlle Octavie, et que j'ai vu ma cousine faiblir dans son système de sévérité; d'abord, parce qu'elle avait peur que je me fusse jetée à l'eau de désespoir (ce que je n'aurais jamais fait, comme tu penses bien), et puis à cause du retour de maman, qui sera ici demain. Alors j'ai risqué une espièglerie pour lui faire peur. Je me suis retirée à quatre pattes de dessous la table avant qu'elle ait eu le temps d'y revenir, et je suis rentrée dans ma serre.

CLÉMENCE.

Tu dois avoir faim; il y a longtemps que l'heure du goûter est passée.

BERTHE.

Non; j'ai mangé du raisin dans la serre, et du bien bon, je t'assure.

SCÈNE XV.

Les précédentes, GUILLAUME, *tenant par la main* ALICE.

GUILLAUME.

Tenez, mesdemoiselles, voici Mlle Alice que je vous ramène. La pauvre enfant est lasse de courir. Tâchez que Mme d'Embrun ne lui mette pas son collier de force et qu'elle ne la tourmente pas trop d'ici à l'arrivée de sa maman. Vrai, ces enfants font pitié! Ah! vous voilà aussi, mademoiselle Berthe! vous avez assez de vos fleurs et de votre raisin.

BERTHE.

Oui, mon bon Guillaume; je suis revenue parce que je m'ennuyais trop. Il faut que tu nous rendes encore un grand service.

GUILLAUME.

Tant que vous voudrez, mes chères demoiselles! J'ai vu naître vos mamans; je les ai bercées et promenées;

j'en ai fait autant de vous, et tant que je vivrai, je vous serai dévoué corps et âme et prêt à tout pour vous servir. Que faut-il faire, à présent ?

BERTHE.

D'abord, mon bon Guillaume, il faut que tu brûles cette horrible ceinture que ma cousine d'Embrun veut nous mettre autour du corps pour nous faire tenir droites. (*Berthe retire la ceinture du fond de la cruche.*) Ensuite, il faut que tu ailles chez ma cousine et que tu prennes une seconde ceinture pareille à celle-ci ; tu la trouveras dans le tiroir de sa commode, tu la brûleras aussi.

GUILLAUME, *se grattant la tête.*

Hem ! hem ! ceci est une chose pas facile ; brûler cette drogue que vous venez de retirer de la cruche, c'est bien ! mais farfouiller dans les tiroirs, ça ne me plaît pas.

BERTHE.

Pourquoi donc, Guillaume ?

GUILLAUME.

Parce que ça vous donne un air,... un air.... pas comme il faut....

ALICE.

Comment, pas comme il faut ?

GUILLAUME.

Oui,... comme qui dirait un air.... de voleur.... C'est la vérité, mesdemoiselles.

BERTHE.

Oh ! mon bon Guillaume, si cette machine reste chez ma cousine, elle va nous la mettre, et si tu savais comme ça gêne, comme ça pince le menton !

« Il faut que tu nous rendes encore un service. » (Page 179.)

MATHILDE.

Mais, Berthe, si cela fait de la peine au pauvre Guillaume, il vaut mieux la prendre nous-mêmes.

BERTHE.

Et si elle nous attrape, elle nous mettra la ceinture.

GUILLAUME.

Sans doute, sans doute, ma chère demoiselle. Il vaut mieux que ce soit moi. Je vais le faire; soyez tranquilles. Ne vous tourmentez pas. J'y vais. (*Guillaume s'en va.*)

SCÈNE XVI.

MATHILDE, CLÉMENCE, BERTHE, ALICE.

MATHILDE.

Berthe, je suis fâchée que tu aies donné cette commission au pauvre Guillaume; il n'avait pas envie de la faire.

BERTHE.

Tu crois? si j'allais courir l'en empêcher?

CLÉMENCE.

Et si Mme d'Embrun te voit?

BERTHE.

C'est vrai! Comment faire?

MATHILDE.

Je vais y aller; attendez-moi ici.

SCÈNE XVII.

Les trois petites filles écoutent; peu d'instants après la porte s'ouvre; MATHILDE rentre avec GUILLAUME qui est pâle et troublé.

BERTHE.

Eh bien?

MATHILDE.

Je suis arrivée trop tard; Guillaume avait déjà trouvé et pris la ceinture. (*Elle regarde Guillaume.*) Ah! mon Dieu! Guillaume, qu'as-tu? Comme tu es pâle!

GUILLAUME.

Ce n'est rien, chère demoiselle! Un peu d'émotion d'avoir agi comme.... un voleur.

BERTHE.

Oh! Guillaume, ne dis pas cela! Toi, un voleur! Comment peux-tu avoir une idée pareille?

ALICE.

Personne ne t'a vu, n'est-ce pas?

GUILLAUME.

J'espère que non, ma bonne petite demoiselle. Mais j'aurais mieux aimé qu'on m'eût vu. Me trouvant pris, j'aurais avoué la chose et pourquoi je l'avais faite; sans nommer aucune de vous, pourtant.

BERTHE.

Mon pauvre Guillaume, pourquoi m'as-tu écoutée? Tu aurais dû refuser.

GUILLAUME.

Refuser! vous refuser! Mes chères demoiselles,

quand vous me verrez refuser un service, c'est que votre vieux Guillaume aura perdu le sens et sera près de sa fin.

MATHILDE.

Bon Guillaume! (*Les enfants l'entourent et l'embrassent.*)

GUILLAUME.

Pardon et merci, chers enfants! Je descends pour brûler ces vilaines ceintures; tant que je les tiens dans les mains, il me semble que,... que j'ai pris ce qui ne m'appartient pas. (*Guillaume veut sortir.*)

SCÈNE XVIII.

LES PRÉCÉDENTS, M<small>LLE</small> OCTAVIE, M<small>ME</small> D'EMBRUN.

Berthe et Alice poussent un cri et veulent s'échapper. Mme d'Embrun leur barre le passage.)

MADAME D'EMBRUN.

Arrêtez, mesdemoiselles! Je vous tiens, enfin, et vous allez avoir vos ceintures de bonne tenue; chacune la vôtre. (*Elle ferme la porte à double tour, met la clef dans sa poche, sort par la porte du jardin qu'elle ferme également, et disparaît. Tout le monde se regarde.*)

GUILLAUME, *avec découragement et tenant les ceintures cachées derrière son dos.*

Nous voilà pris comme des rats dans une ratière! et que vais-je devenir, moi, avec mes ceintures?

MADEMOISELLE OCTAVIE.

Quelles ceintures, Guillaume?

GUILLAUME, *embarrassé.*

Ah! pardon, mademoiselle! je ne pensais plus que vous fussiez ici. Ce n'est rien! Une plaisanterie.

MADEMOISELLE OCTAVIE, *souriant.*

Est-ce le paquet que vous tenez si soigneusement caché derrière votre dos, mon bon Guillaume?... Eh bien! tout le monde devenu muet?... Qu'y a-t-il donc?

GUILLAUME.

Mademoiselle,... c'est que,... voyez-vous,... je ne suis pas jeune,... j'ai mes vieilles habitudes.... Alors.... (*Il se gratte la tête, Mlle Octavie le regarde en souriant.*) Alors, mademoiselle, je voudrais bien sortir d'ici! ce n'est pas convenable que j'occupe la chambre de ces demoiselles.

MADEMOISELLE OCTAVIE, *souriant.*

Mais que tenez-vous derrière votre dos?

GUILLAUME, *agité.*

C'est quelque chose, mademoiselle.... Bien sûr, mademoiselle.... Vous pouvez m'en croire.

MADEMOISELLE OCTAVIE.

Mais ce quelque chose, qu'est-ce que c'est?

GUILLAUME, *très-agité.*

Mon Dieu! mais j'ai déjà dit, c'est quelque chose,... quelque chose qui n'est pas à moi. Là,... êtes-vous contente, à présent?

« Est-ce le paquet que vous tenez si soigneusement caché? »
(Page 186.)

SCÈNE XIX.

Les précédents, Mme D'EMBRUN, *très-animée; elle laisse la clef à la porte d'entrée.*

MADAME D'EMBRUN, *avec dignité.*

On m'a volée! Je suis volée! Rendez-moi ce que vous m'avez pris.

MADEMOISELLE OCTAVIE.

Que dites-vous, madame! Qui donc ici pourrait vous avoir volée?

MADAME D'EMBRUN.

Je n'en sais rien, mademoiselle; mais ce que je sais, ce dont je suis certaine, c'est que quelqu'un s'est introduit chez moi; on a ouvert le tiroir de ma commode et on a pris une ceinture *de bonne tenue* et ce qui est plus grave, un billet de mille francs que j'avais posé par inadvertance dans ce tiroir. (*Guillaume devient pâle et tremblant, il se place derrière Mlle Octavie, examine furtivement le paquet contenant la ceinture et aperçoit le billet de mille francs pris dans le cordon qui attache le paquet : il a l'air terrifié.*)

MADAME D'EMBRUN.

Eh bien! personne ne répond! et tous vous avez l'air de coupables. Mademoiselle Octavie, permettez que j'examine chacun de vous séparément.

MADEMOISELLE OCTAVIE.

Comme vous voudrez, madame; je suis sûre que si vous avez réellement été dépouillée de ce billet de mille francs, ce n'est pas ici que vous le retrouverez. Allons, mes enfants, mettons-nous tous en rang. (*Elle les place sur une ligne.*) Voilà! Par ici, mon bon Guillaume; au bout du rang. (*Guillaume qui s'est débarrassé du paquet en le jetant sous la table, se place près de Mlle Octavie. Chacun remarque son extrême pâleur.*)

MADEMOISELLE OCTAVIE.

Rassurez-vous, mon pauvre Guillaume, aucune de vos chères petites n'est coupable, je vous en réponds. (*Mme d'Embrun fouille les enfants, retourne leurs poches, visite leurs vêtements, paraît désappointée, et n'ose pas faire de même à Mlle Octavie et à Guillaume, qu'elle regarde pourtant d'un œil perçant et scrutateur.*)

MADEMOISELLE OCTAVIE *rit et retourne ses poches.*

Tenez, madame, voyez vous-même; Guillaume, faites-en autant, mon ami. (*Guillaume ôte son habit, le donne à Mme d'Embrun, et dans son trouble se dispose à ôter son gilet.*)

MADEMOISELLE OCTAVIE, *riant.*

Assez, assez, mon bon Guillaume; Mme d'Embrun doit voir que nous sommes tous innocents.

MADAME D'EMBRUN.

Oui, je me plais à le reconnaître; mais je vais poursuivre ma recherche et faire venir les femmes de chambre et les autres domestiques. Mille francs! le quart de mon revenu! (*Elle sort.*)

« Madame d'Embrun doit voir que nous sommes tous innocents. » (Page 190.)

SCÈNE XX.

Les précédents, *moins Mme d'Embrun*

GUILLAUME *s'approche de Mlle Octavie avec précipitation, lui remet le paquet qu'il a ramassé et tombe sur une chaise en disant d'une voix étranglée :*

Voilà! voilà tout! Rendez-lui comme vous pourrez, sans qu'elle sache que c'est moi. (*Mlle Octavie fait un mouvement de surprise.*) Oui, c'est moi, moi qui ai pris le paquet et le billet de malheur qui tient après.

MADEMOISELLE OCTAVIE.

Vous! vous Guillaume! Non, non! Ce n'est pas vrai! Jamais je ne croirai! C'est impossible! Guillaume voleur! Je le répète, c'est impossible! (*Guillaume pousse un gémissement plaintif et perd connaissance. Mlle Octavie le soutient; les enfants apportent de l'eau de Cologne, de l'eau fraîche et lui bassinent le front et les tempes. Guillaume revient à lui, les regarde avec égarement, se prend la tête dans les deux mains et répète plusieurs fois : voleur! voleur! Berthe éclate en sanglots.*)

BERTHE.

Mademoiselle, oh! mademoiselle! C'est moi qui suis coupable. C'est moi qui ai obtenu du bon Guillaume, malgré sa répugnance, qu'il allât chercher cette ceinture qui nous faisait si peur à Alice et à moi; nous voulions que Guillaume la prît et la brûlât. Il allait le faire quand Mme d'Embrun est entrée.

GUILLAUME, *un peu remis.*

C'est le bon Dieu qui a permis que je ne l'eusse pas jetée au feu, car ce maudit billet de mille francs que je n'avais pas vu et qui tient après comme je m'en suis aperçu tout à l'heure, eût été brûlé avec le paquet et on aurait pu me soupçonner.

MADEMOISELLE OCTAVIE.

Jamais, Guillaume, jamais! mais le bon Dieu a tout arrangé pour le mieux. Donnez-moi tout cela ; je vais terminer l'affaire ; je paraîtrai chercher le billet dans le tiroir et j'aurai soin de le trouver au fond. Quant à la ceinture, je vais la jeter au feu et je dirai qu'une personne de la maison l'a prise par pitié pour les enfants et que cet instrument de torture n'existe plus. Remettez-vous, mon pauvre Guillaume, et à l'avenir soyez moins bon pour les enfants et suivez davantage votre propre instinct. (*Mlle Octavie sort.*)

SCÈNE XXI.

GUILLAUME, MATHILDE, CLEMENCE, BERTHE ET ALICE.

BERTHE *se jette au cou de Guillaume en pleurant.*

Oh! Guillaume, mon bon Guillaume, pardonne-moi, pardonne-nous! Quel mal je t'ai fait sans le vouloir, et combien j'en suis désolée!

GUILLAUME.

N'y pensez plus, ma bonne chère demoiselle; mais il est certain que j'ai agi comme un sot. Voyez donc ce qui serait arrivé si quelqu'un m'avait vu ouvrir le tiroir, ou bien si j'avais été pris emportant le paquet, ou bien si j'avais brûlé le tout y compris le billet de mille francs! Je frémis rien que d'y penser!

MATHILDE.

N'y pense pas, mon bon Guillaume, n'y pense pas, je t'en prie; moi-même je tremble en y songeant.

GUILLAUME.

Et que vont devenir ces pauvres petites, à présent que la cousine les a retrouvées! Comment faire pour les lui enlever jusqu'à l'arrivée des mamans.

BERTHE.

J'espère que Mlle Octavie prendra notre défense; j'ai déjà entendu, pendant que j'étais sous la table, qu'elle conseillait d'être moins sévère et que ma cousine avait l'air de céder, n'ayant pas pu faire de nous des filles bien élevées, comme elle dit. Et puis, mon cher Guillaume, tu seras là pour nous venir en aide, seulement jusqu'à demain.

GUILLAUME.

Oui, mes enfants, mais pas comme tout à l'heure. J'ai eu trop peur! Mlle Octavie a raison; je suis bête avec vous; je ne sais pas vous résister, vous refuser. Et je vous demande à mon tour une grâce, une faveur, mes bons enfants. Ne me demandez jamais des choses dangereuses et mauvaises. Et quand je vous témoigne de la répugnance pour vous satisfaire, n'insistez pas, je vous en prie, car si je résiste, c'est que ma conscience me dit que ce que vous me demandez est mauvais. Voyez-vous, mes enfants, vous êtes jeunes, vous ne réfléchissez pas, vous ne prévoyez pas; et moi qui suis vieux, je prévois tout. Et si je suis si bête vis-à-vis de vous, c'est que je vous aime trop, oui trop! puisque cette amitié me fait faire des sottises.

LES ENFANTS.

Oui, oui, mon bon, mon cher Guillaume, nous te le promettons. (*Tous l'entourent et l'embrassent*).

SCÈNE XXII.

LES PRÉCÉDENTS, MLLE OCTAVIE.

MADEMOISELLE OCTAVIE.

Eh bien! tout s'est passé à merveille; j'ai retrouvé le billet de mille francs coulé derrière le tiroir; j'ai profité de l'occasion pour représenter à Mme d'Embrun combien la scène des recherches avait été pénible pour nous tous; j'ai avoué la destruction des ceintures américaines; elle s'est trouvée un peu honteuse du bruit qu'elle avait fait pour rien, et j'ai profité de l'occasion pour obtenir votre pardon, Berthe et Alice; je crois que d'ici à demain vous n'avez rien à craindre, car Mme d'Embrun est découragée par votre turbulence et votre esprit de résistance, et le retour de votre maman l'oblige à renoncer à votre perfectionnement qu'elle espérait obtenir en six semaines par les moyens un peu violents qu'elle a employés.

BERTHE *et* ALICE.

Merci, merci, mademoiselle! Que vous êtes bonne!

MADEMOISELLE OCTAVIE.

Et vous, mes petites, soyez bonnes et aimables

pour votre cousine; vous lui devez du respect parce qu'elle est vieille, parce qu'elle est votre parente, parce que vos parents ont de l'amitié pour elle, et enfin parce qu'elle a cru agir pour votre bien, et quoiqu'elle se soit trompée, elle y a mis beaucoup de soin et de zèle.

BERTHE.

Oui, chère mademoiselle, nous serons très-polies pour elle, mais nous espérons bien ne jamais nous trouver sous sa direction.

MADEMOISELLE OCTAVIE.

Maintenant, remettons-nous au travail; nous n'avons plus guère de temps avant le dîner. (*Les enfants se mettent à leurs places.*)

ACTE II.

LE LENDEMAIN.

La scène représente un salon.

SCÈNE I.

Mlle OCTAVIE, Mme D'EMBRUN, MATHILDE, CLÉMENCE, BERTHE, ALICE.

(*Mme d'Embrun travaille, assise bien droite sur une chaise; les quatre enfants et Mlle Octavie arrangent des fleurs dans des vases; elles vont, viennent, regardent sans cesse par la fenêtre et paraissent fort agitées.*)

MADAME D'EMBRUN, *mécontente*.

Restez donc tranquilles, Berthe et Alice; vous êtes d'une agitation. C'est très-mauvais genre.

BERTHE.

Mais, ma cousine, pensez donc que nous n'avons pas vu maman depuis six semaines et que nous l'attendons à chaque minute !

MADAME D'EMBRUN.

Ce n'est pas une raison pour aller et venir comme des ours en cage, pour faire l'ouvrage des domestiques

« Ce n'est pas une raison pour aller et venir comme des ours en cage. »
(Page 198.)

en garnissant les vases de bouquets, pour avoir enfin des manières communes et du plus mauvais goût.

MATHILDE.

Je crois que j'entends la voiture. (*Elles se précipitent toutes les quatre à la fenêtre.*)

BERTHE.

Non ; il n'y a rien.

MADAME D'EMBRUN.

Encore ? C'est intolérable ! Venez toutes deux vous asseoir auprès de moi et ne bougez plus.

ALICE.

Mais, ma cousine....

MADAME D'EMBRUN.

Il n'y a pas de mais, mademoiselle. Dans mon enfance, quand ma mère (que je n'avais pas le mauvais goût d'appeler maman), quand ma mère, dis-je, s'absentait, j'attendais tranquillement et convenablement son retour, dans le salon, en grande toilette.

BERTHE.

Mais quand vous l'entendiez arriver ?

MADAME D'EMBRUN.

J'attendais debout au milieu du salon que ma mère entrât, et quand la porte s'ouvrait....

ALICE.

Vous couriez à elle et vous vous jetiez à son cou.

MADAME D'EMBRUN.

Fi donc ! quel genre ! J'attendais qu'elle vînt à moi ; je faisais une profonde révérence ; je m'inclinais pour lui baiser la main pendant qu'elle m'embrassait sur le front, et j'attendais pour parler qu'elle m'interrogeât.

BERTHE.

Moi je ne pourrais jamais être aussi froide pour maman.

MADAME D'EMBRUN.

Ce n'est pas de la froideur, mademoiselle, c'est de la convenance, du savoir-vivre....

MATHILDE et CLÉMENCE.

Maman, maman, voilà maman! (*Les quatre enfants se précipitent à la porte et courent au perron.*)

SCÈNE II.

MME D'EMBRUN, *seule*.

MADAME D'EMBRUN, se *levant*.

Berthe, Alice, arrêtez! Les voilà parties! Grand Dieu! quelles manières! Et de penser que je n'ai pu les réformer en six semaines! (*On entend des cris de joie, des éclats de rire.*) C'est incroyable! Une vraie scène de paysans! Et l'institutrice! Partie avec les enfants! De mon temps on n'a jamais vu chose pareille.... Les voilà qui arrivent; je veux y mettre de la dignité afin de leur donner à tous une leçon de manières comme il faut.

« Comment, ma cousine, vous ne voulez pas nous embrasser? » (Page 207.)

SCÈNE III.

(*Mme d'Embrun est debout au milieu du salon, demi-inclinée, les mains sur son estomac. Mme d'Atale et Mme d'Ulsac entrent entourées de leurs enfants; elles s'avancent précipitamment pour embrasser Mme d'Embrun, qui recule de côté en faisant des révérences et qui se range pour laisser passer ces dames.*)

MADAME D'ULSAC, *surprise*.

Comment, ma cousine, vous ne voulez pas nous embrasser ?

MADAME D'EMBRUN.

Permettez, madame et chère cousine, qu'avant d'embrasser la parente, je salue la maîtresse de la maison.

MADAME D'ULSAC.

De grâce, ne voyez en moi, chère cousine, qu'une amie bien reconnaissante des soins que vous avez bien voulu donner à mes nièces en mon absence.

MADAME D'EMBRUN.

Je regrette, ma cousine, que ces soins n'aient pas été couronnés d'un plein succès.

MADAME D'ULSAC.

Comment ? auriez-vous eu à vous plaindre de Berthe et d'Alice ? J'en serais bien étonnée, car elles sont bonnes et faciles à mener.

MADAME D'EMBRUN.

Pardon, ma cousine, si je ne réponds pas de suite à votre question. Quand vous serez reposée, je vous demanderai une audience de quelques instants dans laquelle je vous exposerai mes craintes et mes espérances. (*Les enfants entourent Mme d'Ulsac qui les embrasse encore, puis elle quitte le salon avec Mathilde et Clémence.*)

SCÈNE IV.

Mme D'EMBRUN, Mme D'ATALE, Mlle OCTAVIE, BERTHE et ALICE.

MADAME D'ATALE.

Eh bien ! ma cousine, je viens enfin vous débarrasser du fardeau que vous avez bien voulu accepter pendant six semaines. Vous a-t-il semblé bien lourd à porter ?

MADAME D'EMBRUN.

Permettez, ma cousine, que j'attende, pour répondre à votre question, un moment plus favorable. On ne traite pas en riant des questions aussi sérieuses.

MADAME D'ATALE.

Pardon, ma cousine, mais votre froideur et votre gravité m'effrayent. Est-ce que mes enfants vous ont donné des sujets de mécontentement ?

MADAME D'EMBRUN.

Pas de mécontentement, ma cousine, mais de tristesse et de regrets.

MADAME D'ATALE.

Comment, mes enfants, vous n'avez pas été sages pendant mon absence ?

BERTHE.

Si fait, maman, nous avons été aussi sages que nous avons pu l'être ; mais, avec ma cousine, c'est impossible de l'être tout à fait, parce qu'elle gronde pour tout.

« On n'embrasse pas une personne qu'on a offensée. » (Page 209.)

MADAME D'ATALE.

Berthe, comment te permets-tu de parler ainsi de ta cousine !

ALICE.

C'est que toute la journée elle nous tourmente et nous ennuie ; alors....

MADAME D'ATALE.

Alice, tais-toi et fais tes excuses à Mme d'Embrun de ton impolitesse.

ALICE.

Non, je ne peux pas.

MADAME D'ATALE.

Comment, tu ne peux pas ! Quelle manière de répondre ! Je ne t'ai jamais entendue me parler ainsi.

ALICE.

Pardon, maman ; c'est que lorsqu'on demande pardon à ma cousine, il faut se mettre à deux genoux devant elle, joindre les mains, baiser les siennes et dire je ne sais quoi de si singulier que je l'oublie toujours.

MADAME D'ATALE.

Alice, tu dis des niaiseries pour t'excuser. Obéis-moi et demande pardon à Mme d'Embrun.

ALICE *s'approche de Mme d'Embrun et veut l'embrasser en lui disant* .

Pardon, ma cousine, je ne le ferai plus.

MADAME D'EMBRUN *se redresse et recule.*

On n'embrasse pas une personne qu'on a offensée, mademoiselle On attend respectueusement et modestement qu'elle veuille bien vous pardonner ; et alors on ne se jette pas sur elle pour l'embrasser, comme le ferait une vachère mal élevée, mais on salue profondément, on s'avance et on baise la main qu'elle veut bien nous tendre. (*Mme d'Embrun tend sa main; Alice ne la voit pas et se tourne vers sa mère.*)

ALICE.

Vous voyez, maman, c'est toujours ainsi. Que voulez-vous que nous fassions?

MADAME D'ATALE, *l'embrassant.*

Tu as obéi; tu as demandé pardon, mon enfant, c'est bien. A présent venez avec moi; vous m'aiderez à déballer les petits présents que je vous ai rapportés. A revoir, ma cousine! Sans adieu, ma bonne mademoiselle Octavie.

SCÈNE V.

Mme D'EMBRUN, Mlle OCTAVIE.

MADAME D'EMBRUN, *indignée.*

C'est déplorable! C'est humiliant! La mère a autant besoin d'être formée et réformée que les filles. Vous avez entendu qu'elle s'est retirée satisfaite des prétendues excuses que m'a adressées Alice.

MADEMOISELLE OCTAVIE.

Je vous en prie, madame, veuillez excuser madame d'Atale et faire la part des usages d'aujourd'hui. Les éducations ne sont plus aussi.... aussi parfaites qu'autrefois.

MADAME D'EMBRUN.

Voilà une bonne parole, mademoiselle, et dont je vous sais gré. Parfaite! c'est bien le mot. De mon temps, le respect était la première des sciences! Car c'est une science, une vraie, grande et belle science!

« On craint Dieu et son souverain. » (Page 213.)

Maintenant on aime ! Beau progrès, **en vérité** ! Aimer ! Mais c'est ridicule, inconvenant, impertinent, d'aimer ceux qu'on doit craindre et respecter. A présent on veut aimer tout le monde, jusqu'au bon Dieu ! Ce n'est pas la crainte qu'on inculque aux enfants, c'est l'amour ! Mon père, qui était un vieux chevalier de Saint-Louis, et qui m'a élevée au fond d'un vieux château, m'a passé ses traditions et m'a fait connaître ceux qu'il faut craindre, ceux qu'on doit respecter et ceux qu'on peut aimer.

MADEMOISELLE OCTAVIE, *réprimant un sourire.*

Mais il me semble, madame, qu'on peut à la fois respecter et aimer ; et même craindre et aimer.

MADAME D'EMBRUN, *avec solennité.*

Non, mademoiselle. On craint Dieu et son souverain. On respecte ses parents, ses supérieurs, les gens d'âge. On aime ses enfants, ses égaux, son chien, son chat.

SCÈNE VI.

LES PRÉCÉDENTES, MME D'ATALE.

MADAME D'ATALE.

Me voici toute prête à vous entendre, ma cousine. Je crains un peu de ne recevoir que des plaintes, car je trouve mes filles bien changées de ce qu'elles étaient ; elles ont perdu leur docilité, leur amabilité, leur complaisance, et surtout leur gaieté calme ; elles qui étaient toujours d'accord, se disputent pour un rien ; elles me répondent avec vivacité, discutent mes ordres; enfin je les trouve changées, et je ne puis dire que ce soit à leur avantage.

MADAME D'EMBRUN.

Ma cousine, ce que vous avez déjà observé a été l'objet de ma sollicitude et de ma répression la plus sévère. Je voulais vous les rendre dociles comme des machines, tranquilles et calmes comme des eaux dormantes, silencieuses comme des statues de pierre, courageuses et endurant la souffrance comme des Lacédémoniens, polies et de nobles manières comme des dames de la cour du grand roi Louis XIV. — J'ai échoué en tout et pour tout. Il m'eût fallu plus de temps et une autorité plus absolue; j'ai inutilement employé les remontrances sévères, les privations, les punitions corporelles, mais tout cela mitigé par un défaut de pouvoir et par la certitude d'un manque de durée.

MADAME D'ATALE.

Ce que vous me dites, ma cousine, me chagrine de toutes manières; je vois que mes pauvres filles ont été malheureuses, et que vous-même vous avez pris beaucoup de peine sans obtenir la satisfaction du succès. Recevez toujours mes remercîments pour votre excellente intention, et pardonnez, je vous prie, les fautes dont mes pauvres petites se sont rendues coupables envers vous.

MADAME D'EMBRUN.

Je continuerai avec plaisir cette éducation à peine ébauchée, ma cousine.

MADAME D'ATALE.

Mille remercîments, ma cousine; l'éducation de mes filles est un devoir dont je ne dois laisser la charge à personne; et, désormais, je m'en occuperai moi-même et moi seule.

MADAME D'EMBRUN *salue avec dépit.*

Comme vous voudrez, ma cousine; vous ne devez pas craindre que je mêle mes idées aux vôtres; elles sont incompatibles comme le bien et le mal. (*Mme d'Atale salue aussi. Mme d'Embrun sort.*)

SCÈNE VII.

Mme D'ATALE, Mlle OCTAVIE.

MADAME D'ATALE.

Chère mademoiselle, mes filles ont dû être fort malheureuses avec cette vieille et sévère cousine. Pourquoi ne me l'ont-elles pas écrit? Et pourquoi ne m'en avez-vous pas informée?

MADEMOISELLE OCTAVIE.

Madame, je protégeais les enfants de mon mieux; mais c'est Mme d'Embrun qui avait reçu de vous tout pouvoir sur Berthe et Alice; je devais penser que vous aviez connaissance de son système d'éducation et que vous l'approuviez.

MADAME D'ATALE.

Mais en aucune façon. Je n'avais jamais vu Mme d'Embrun qu'en visite; je lui connaissais une excellente réputation; elle désirait beaucoup passer l'été à la campagne; je devais aller aux eaux; j'ai pensé que c'était vous rendre service que de vous délivrer d'une charge que vous vouliez bien accepter pourtant; en même temps je me rendais agréable à ma cousine et je mettais mes filles dans des mains sûres. Mais ce que je vois de Mme d'Embrun me donne des craintes sérieuses pour mes pauvres enfants....

SCÈNE VIII.

Les précédentes, BERTHE et ALICE *accourent en se disputant, sans voir Mme d'Atale et Mlle Octavie, qui sont au fond de la chambre.*

ALICE.
Je te dis que je le dirai à maman.
BERTHE.
Et moi je te défends de le dire.
ALICE.
Si tu crois que je t'écouterai....
BERTHE.
Si tu ne m'écoutes pas, je dirai à maman que tu as obligé Guillaume à voler.
ALICE.
Et si tu oses le dire, je dirai que tu as volé du raisin dans la serre.
BERTHE.
Je dirai que tu es une menteuse
ALICE.
Je dirai que tu es une voleuse.
BERTHE.
Tais-toi, menteuse !
ALICE.
Laisse-moi tranquille, voleuse !

« J'entends de jolies choses, mesdemoiselles! » (Page 219.)

MADAME D'ATALE, se montrant.

J'entends de jolies choses, mesdemoiselles! Je ne m'étonne pas que Mme d'Embrun vous trouve de mauvais ton! Depuis quand, je vous prie, vous parlez-vous avec tant de grossièreté?

ALICE.

C'est que Berthe veut toujours rapporter de moi pour me faire punir, et je ne veux pas qu'on me mette une ceinture *de bonne tenue*.

BERTHE.

Et moi, je ne veux pas qu'on m'enferme et qu'on vienne toutes les cinq minutes me donner des coups pour me faire demander pardon à genoux. Et quand je rapporte, on me donne une récompense; et voilà pourquoi je veux dire à maman que tu as pris....

MADAME D'ATALE.

Chut! Je ne veux rien entendre! N'êtes-vous pas honteuses, mes enfants, de vous disputer ainsi une heure après mon arrivée? Et avez-vous donc oublié que je ne permets pas les rapports, que je ne les écoute jamais?

ALICE.

Mais ma cousine nous ordonnait, au contraire, de rapporter.

BERTHE.

Et quand nous ne disions rien, elle nous punissait parce que nous lui cachions quelque chose, disait-elle.

ALICE.

Et c'est pourquoi tu mentais en rapportant de moi des choses que je n'avais pas faites?

BERTHE.

Et toi donc, quand tu as dit que j'avais jeté mon livre de fables dans le puits!

MADAME D'ATALE.

Taisez-vous donc, mes enfants, je vous en prie! Si vous saviez le chagrin que vous me causez en vous comportant comme vous le faites?

BERTHE, *l'embrassant.*

Pardon, maman, j'en suis bien fâchée; mais pourquoi nous avez-vous laissées si longtemps avec cette méchante cousine?

ALICE.

Oh! oui, maman, ne nous laisse plus avec elle! Elle nous rend méchantes, nous le voyons bien.

MADAME D'ATALE.

Non, mes pauvres enfants, elle ne vous aura plus jamais. Mais comment ne m'avez-vous pas informée de ce que vous me dites? Vous m'écriviez, au contraire, qu'elle était très-bonne, que vous l'aimiez beaucoup.

BERTHE.

C'est qu'elle nous défendait de nous plaindre, et elle nous forçait à écrire nos lettres devant elle; c'est elle-même qui les cachetait et qui les mettait à la poste.

MADAME D'ATALE.

Et pourquoi ne demandiez-vous pas à vos cousines d'écrire?

BERTHE.

Elle ne nous laissait jamais seules avec nos cousines; nous étions obligées de rester près d'elle pour qu'elle pût entendre tout ce que nous disions.

ALICE.

Une fois j'ai écrit à Clémence, sur un chiffon de papier, de vous faire savoir que nous étions trop malheureuses ; elle m'a vu glisser ce papier à Clémence ; elle s'est jetée dessus, l'a arraché, l'a lu ; elle m'a emmenée à la maison, où elle m'a fouettée et m'a fait crier comme une malheureuse, et puis elle m'a enfermée avec Berthe dans un cabinet noir jusqu'au dîner.

MADAME D'ATALE, *les embrassant.*

Mais c'est affreux ce que j'apprends. Je suis désolée de ce que vous avez souffert !

MADEMOISELLE OCTAVIE.

A présent que vous voilà de retour, madame, elles vont redevenir heureuses et bonnes comme par le passé.

SCÈNE IX.

Les précédentes, Mme D'ULSAC, MATHILDE et CLÉMENCE.

MADAME D'ULSAC.

Nous voici toutes réunies ; nous allons nous mettre à table. Mais, qu'as-tu, Pauline ? **Tu** es pâle, troublée

MADAME D'ATALE.

C'est que j'apprends par mes filles des énormités sur notre vieille cousine d'Embrun.

MADAME D'ULSAC.

Mathilde et Clémence m'ont aussi raconté des choses incroyables de sa sévérité envers Berthe et Alice. Et il paraît que cette sévérité a donné aux pauvres petites des défauts qu'elles n'avaient jamais eus auparavant.

MADEMOISELLE OCTAVIE.

Sûrement; elles mentaient pour éviter les punitions, elles se révoltaient contre des mesures trop sévères; elles se querellaient, elles se fâchaient, elles désobéissaient. Mais, comme je le disais à madame, sa présence et sa tendresse maternelle feront tout rentrer dans l'ordre; Berthe et Alice redeviendront semblables à Mathilde et à Clémence.

BERTHE.

Oui, oui, mademoiselle; nous étions plus heureuses quand nous étions bonnes, et, à présent que maman est avec nous, elle n'aura plus rien à nous reprocher.

SCÈNE X.

Les précédentes, GUILLAUME.

GUILLAUME, *annonçant.*

Ces dames sont servies. (*Il présente une lettre à Mme d'Ulsac.*)

MADAME D'ULSAC.

De qui est la lettre, Guillaume?

GUILLAUME.

De Mme d'Embrun.

MADAME D'ATALE.

Comment, de Mme d'Embrun? Est-ce qu'elle ne déjeune pas avec nous? Est-elle malade?

GUILLAUME.

Je ne sais pas, madame ; c'est sa vieille Brigitte qui vient de m'apporter cette lettre.

MADAME D'ATALE.

Regarde donc ce qu'elle te dit.

MADAME D'ULSAC, *ouvrant la lettre, lit haut.*

« Madame et cousine, permettez-moi de fuir une position fausse et pénible. Je ne puis voir, sans frémir d'indignation, les manières bourgeoises modernes, les allures excentriques et villageoises des petites demoiselles, naguère confiées à mes soins. Je ne pourrais me taire, et on me défend de parler. Ne voulant pas, madame et cousine, gêner vos habitudes de moderne régime, ni vous imposer celles de mon noble et ancien régime, manières si justement appelées *parfaites* par l'aimable demoiselle Octavie (digne d'être initiée à la noble vie d'autrefois), je me résigne à vous informer de ma détermination irrévocable. Dans deux heures j'aurai quitté votre château pour n'y plus revenir. Mme d'Atale m'a trop clairement fait entendre que ma voix ne serait plus écoutée. Adieu, madame et cousine, veuillez agréer l'hommage respectueux de votre très-humble et très-obéissante servante,

« CLORINDE D'IPERMONT,
« Veuve D'EMBRUN.

« Château d'Ulsac, 1864, 20 août. »

MADAME D'ULSAC.

C'est bizarre, mais je n'en suis pas fâchée. Guillaume, voyez qu'on leur porte à déjeuner. La pauvre femme ne doit pas partir à jeun non plus que sa Brigitte. Et nous autres, bourgeois et vilains, allons déjeuner, et oublions ce triste passé qui confirme le proverbe : ON NE PREND PAS LES MOUCHES AVEC DU VINAIGRE. (*Ils sortent tous en riant.*)

LE FORÇAT

ou

A TOUT PÉCHÉ MISÉRICORDE

PROVERBE EN DEUX ACTES

PERSONNAGES.

VALENTIN, menuisier, 30 ans.
UN MENDIANT, 35 ans.
UN BRIGADIER DE GENDARMERIE, 38 ans.
UN GENDARME, 32 ans.
DÉSIRÉ, 13 ans.
LUCIEN, 13 ans.
CHARLOT, 10 ans.
JULIEN, 12 ans.
Mme CLOPET, 33 ans.
M. PUPUSSE, adjoint.
LE CURÉ.
UN MÉDECIN.
LE BOUCHER.
LE MAÇON.
LE BOURRELIER.
LE MARÉCHAL.
PLUSIEURS ENFANTS DE L'ÉCOLE.

———

La scène se passe dans un villag

ACTE PREMIER.

Le théâtre représente une cour; d'un côté la maison de Mme Clopet, de l'autre l'atelier de menuiserie de Valentin, au fond la maison d'école.

SCÈNE I.

VALENTIN, seul.

(Il travaille à une armoire et il se repose un instant.)

Rien jusqu'ici n'a troublé ma triste vie. Personne ne sait d'où je viens ni ce que j'ai fait. Le bon Dieu me protége depuis que je suis revenu à lui!... De quel enfer il m'a tiré!... Je cherche à éloigner ces souvenirs. Ils sont si affreux! Quand je travaille, j'y pense moins. *(Il se remet à l'ouvrage.)*

SCÈNE II.

VALENTIN, LUCIEN ET DÉSIRÉ *entrent en chantant.*

LUCIEN *chante.*
J'ai du bon tabac dans ma tabatière.
DÉSIRÉ *chante.*
J'ai du bon tabac, tu n'en auras pas.
LUCIEN.
Tu vas m'en donner un peu tout de même.
DÉSIRÉ.
Pas un brin! Tout pour moi.
LUCIEN.
Égoïste, va!
VALENTIN.
Qu'y a-t-il donc, mes mioches? On dirait que vous vous querellez.
LUCIEN.
Je le crois bien. Désiré avait deux sous et moi aussi. Nous avons dit: « Toi, tu vas acheter un brûle-gueule de deux sous. — Et toi tu vas acheter pour deux sous de tabac. — Toi, tu me prêteras ta pipe. — Toi, tu me donneras du tabac. — C'est dit. » J'achète la pipe, il achète le tabac. Je dis: « Donne que je bourre! » Il dit: « Non, c'est moi qui commence. — Je veux bien, que je dis, mais après ce sera mon tour. — C'est entendu! Donne la pipe. » Je donne, il bourre, il allume, il fume, et c'est fini. « Et moi? que je lui dis. — Toi? qu'il dit, tiens, voilà ton brûle-gueule. — Et rien de-

dans? que je dis. Donne-moi de quoi bourrer. — Bourre avec des copeaux de Valentin. » Et il part; je cours après et je chante : « J'ai du bon tabac dans ma tabatière, » pour qu'il m'en donne. Et puis nous sommes entrés chez vous, monsieur Valentin, et vous avez entendu comme il m'a répondu : « J'ai du bon tabac, tu n'en auras pas. » Et je veux qu'il m'en donne, car c'était convenu; c'est voler, ça!

DÉSIRÉ, *riant.*

Bêta, va! Voler, c'est prendre quelque chose! Qu'est-ce que je t'ai pris?

LUCIEN.

Et mon brûle-gueule, donc?

DÉSIRÉ.

Pas vrai; tu l'as dans ta poche !

LUCIEN.

Mais c'est toi qui t'en as servi; et moi donc?

DÉSIRÉ, *l'imitant.*

Et moi, donc? Tu t'en serviras quand tu auras du tabac.

LUCIEN.

Mais c'est toi qui as mon tabac !

DÉSIRÉ

Pas vrai; le mien c'est le mien; je l'ai payé de ma poche. Demande à M. Denis, le débitant, il te le dira bien.

VALENTIN, *qui a écouté avec attention.*

Désiré, mon garçon, je comprends l'affaire; tu fais une filouterie, ni plus ni moins. Tu as de l'esprit, je ne dis pas non; tu as voulu faire une drôlerie, je le veux bien. Mais assez comme ça. Une convention est une convention. Donne-lui du tabac et que ça finisse : sans cela, tu filoutes.

DÉSIRÉ, *inquiet.*

Vous croyez, monsieur Valentin?

VALENTIN.

J'en suis sûr. Écoute ce que je te dis, mon ami.

DÉSIRÉ *donne son tabac à Lucien.*

Tiens! Je ne veux pas être un filou, moi.

LUCIEN.

Merci, Désiré. Merci, monsieur Valentin.

VALENTIN.

Et à présent, enfants, que chacun de vous a fait son devoir, j'ai encore quelque chose à dire. Pourquoi fumez-vous? Pourquoi perdez-vous votre argent à acheter du tabac? Vous ne savez donc pas le mal qu'il fait? les maladies qu'il donne? et l'argent qu'il coûte? et le temps qu'il fait perdre.

DÉSIRÉ.

Oh! quant à l'argent, il ne nous coûte guère ; nous ne fumons déjà pas tant.

VALENTIN.

Parce que vous êtes encore des enfants!

LUCIEN, *avec dédain.*

Oh! des enfants! Les enfants ne fument pas!

VALENTIN, *souriant*

Ah! voilà où le bât vous blesse! Vous ne voulez pas être des enfants! Vous voulez faire comme des hommes! Et vous fumez parce que les hommes fument! Mais, dis-moi, toi, Désiré, apporte-moi donc ce maillet qui est là-bas dans un coin?... Non, pas le petit, l'autre, le gros! (*Désiré essaye de le soulever; il ne peut pas.*) Tiens, tu ne peux pas? Vois donc comme je le manie, moi! (*Il soulève le maillet d'une main et le fait tourner avec facilité.*) Comment donc ne peux-tu pas le soulever.

DÉSIRÉ.

Ah! monsieur Valentin, ce n'est pas malin! Vous êtes un homme, vous, dans toute votre force!

VALENTIN.

Et toi?

DÉSIRÉ, *souriant*.

Et moi? Pardi! Il est clair que je n'ai pas la force d'un homme! Pensez donc que j'ai treize ans!

VALENTIN.

Et pourquoi, si tu n'as pas la force d'un homme pour soulever un poids, veux-tu avoir la force d'un homme pour avaler un poison qui tue bien des hommes plus forts que moi! Vois-tu, mon ami, chaque chose en son temps! Le travail dur et difficile ne convient pas à ton âge,... ni le tabac non plus.

LUCIEN.

Quand donc pourrons-nous fumer?

VALENTIN.

Si tu m'en crois, tu ne fumeras jamais. Le fumeur dépense son argent, perd son temps, ruine sa santé, et.... pis que ça, fait de mauvaises connaissances.... A présent, au travail! Et vous, à l'école! (*Les enfants sortent.*)

SCÈNE III

VALENTIN, UN GENDARME.

LE GENDARME.

Eh bien! tu n'es pas venu nous voir comme tu le

devais! C'est pourtant hier que le brigadier t'attendait pour ton permis de séjour.

VALENTIN

Faites excuse, monsieur le gendarme, je croyais avoir jusqu'à ce soir; et comme j'avais une commande pressée....

LE GENDARME.

La commande n'y fait rien! Un forçat libéré est avant tout forçat, et si ce n'était que c'est la première fois que tu manques à te présenter au brigadier au jour voulu, je t'emmènerais à la face du bourg.

VALENTIN.

Je vous remercie de votre bon procédé, monsieur le gendarme. Soyez sûr que je serai exact à l'avenir.

LE GENDARME, *avec plus de douceur*.

Et tu feras bien. Si on te savait forçat dans le pays, tu perdrais bientôt tes pratiques.

VALENTIN.

Hélas! oui, je le sais. Et la misère viendrait comme jadis. Et pourtant, je me sens redevenu honnête homme! J'ai horreur de la paresse, de l'ivrognerie, du jeu, de la malhonnêteté surtout. Je sens que je mourrais de faim plutôt que de commettre une méchante action.

LE GENDARME.

C'est bien, mon pauvre garçon! Je te crois et je ne me fais pas faute de serrer la main d'un brave homme, fût-il forçat. (*Il tend la main à Valentin, qui la saisit, la serre fortement dans les siennes et veut parler; mais il se sent ému, et il reprend son travail sans mot dire.*) Pauvre garçon! Courage, mon ami; ce n'est pas nous autres gendarmes qui te trahirons, tu sais bien.... A revoir! Je ferai mon rapport; tu n'as pas besoin de venir avant quinze jours. (*Il sort.*)

SCÈNE IV.

VALENTIN *travaille et de temps en temps regarde des enfants qui jouent dans la cour sur laquelle donne un côté de son atelier.*

JULIEN.

As-tu vu, Désiré, un gendarme qui est venu voir M. Valentin?

DÉSIRÉ.

Oui, j'ai vu; il lui a serré la main.

CHARLOT.

Serré la main? Tiens, tiens, tiens! c'est drôle, ça. Je croyais qu'un gendarme, ça ne venait jamais que pour vous menacer ou vous mettre les poucettes.

DÉSIRÉ.

Quelle bêtise! Un gendarme a des amis tout comme un autre.

JULIEN.

Eh bien! moi, vois-tu, je n'aimerais pas à être l'ami d'un gendarme.

DÉSIRÉ.

Pourquoi ça?

JULIEN.

Parce que.... parce que.... enfin, cela ne me plairait pas. Quand je me vois près d'un gendarme, je me sens mal à l'aise; ça me donne comme un frisson qui me court dans le dos.

LUCIEN.

Dis-donc, Charlot, as-tu un sou?

CHARLOT.

Oui, j'en ai deux; pour quoi faire?

LUCIEN.

Prête-les-moi donc pour avoir des pralines de chez Mme Jolivet.

CHARLOT.

Tu ne me les rendrais pas; je te connais! Tu dépenses toute ta fortune en tabac.

LUCIEN.

Tu n'es pas gentil! C'est mal, ça, de refuser à un camarade.

CHARLOT.

Puisque tu ne me les rendrais pas?

LUCIEN.

Je te dis que si.

CHARLOT.

Je te dis que non.

LUCIEN.

Tu es un malhonnête! un mauvais camarade!

CHARLOT.

Avec quoi que tu me les rendrais? Où-ce que tu prendrais de l'argent?

LUCIEN.

Ah bah! on en trouve toujours de droite et de gauche.

CHARLOT.

Où ça? Chez qui?

LUCIEN.

Tu m'ennuies! On trouve un tiroir ouvert à la maison, on y met la main, et on la retire avec une pièce qui s'est prise dedans.

CHARLOT.

C'est voler ça!

LUCIEN.

Ah bah! chez ses parents! on prend ce qui convient.

VALENTIN, *qui a tout entendu, s'approche des enfants.*

Oui, mon ami, Charlot dit bien, c'est voler! Et tu es un brave garçon, Charlot! Et toi, Lucien, fais attention, mon ami! Écoute ce que t'a dit Charlot, et ne cours pas après les sous ni après les friandises! On commence par des sous pour avoir des pralines, et on finit par des francs et par la prison,... le bagne peut-être! Et le bagne!!! Tu ne sais pas ce que c'est que le bagne!

LUCIEN.

Qu'est-ce donc que le bagne!

VALENTIN.

C'est l'enfer! (*Il rentre et se remet au travail.*)

DÉSIRÉ.

Tiens, comme il a dit ça! Il était tout drôle.

SCÈNE V.

LES PRÉCÉDENTS, UN MENDIANT *avec un singe sur son épaule.*

LE MENDIANT.

La charité, mes bons enfants! La charité, s'il vous plaît.

LUCIEN.

Nous n'avons pas de quoi faire la charité, bon homme.

LE MENDIANT.

Vous avez bien un petit sou pour moi et pour mon pauvre ami?

CHARLOT.

Où est-il votre ami?

LE MENDIANT.

Là, sur mon épaule, mes bons petits gars.

DÉSIRÉ.

La drôle de petite bête! Comme il nous regarde! (*Le singe ôte son chapeau et salue. Les enfants rient.*)

LE MENDIANT *défait la chaîne du singe.*

Va, mon pauvre bêta, va demander un petit sou pour toi et ton pauvre maître. (*Le singe saute à terre, gambade, ôte son chapeau et le présente aux petits garçons. Charlot et quelques autres y mettent des sous; quand il arrive à Lucien, celui-ci met la main dans le chapeau, et au lieu d'y mettre quelque chose, il en retire deux sous. Le singe, qui ne quitte pas des yeux son chapeau, s'aperçoit du tour, grince et claque des dents, se jette sur Lucien et fait mine de vouloir le mordre.*) Rends ce que tu as pris, mauvais petit gars. Mon singe ne te fera pas grâce d'un centime. (*Lucien, effrayé, rend au singe les deux sous qu'il avait pris; le singe les regarde attentivement, examine la main de Lucien, regarde son maître qui lui fait signe de revenir, et lui porte son chapeau avec les sous. Les enfants rient et se moquent de Lucien en criant :* « Le singe a été plus malin que toi! » *Désiré seul reste près de l'atelier et range des morceaux de bois. Le mendiant va demander la charité à l'entrée de l'atelier.*)

« Rends ce que tu as pris, mauvais petit gars. » (Page 236.)

SCÈNE VI.

LE MENDIANT, VALENTIN, DÉSIRÉ, *dans un coin de la cour.*

LE MENDIANT.

La charité, s'il vous plaît.

VALENTIN, *le regardant.*

Pourquoi ne travailles-tu pas au lieu de mendier, l'ami? Tu es de force à gagner ta vie.

LE MENDIANT, *après l'avoir attentivement examiné.*

Tiens! est-ce que je me trompe?... Sa voix, son air! C'est lui!... C'est bien lui! Comment, Tristan, te voilà établi dans tes meubles?

VALENTIN, *étonné.*

Qui êtes-vous? Je ne vous connais pas.

LE MENDIANT.

Que si, que si, tu me connais!... Ah!... tu n'a pas plus que ça souvenir de tes amis!... Cherche bien! Rappelle-toi ton ami l'ERMITE.

VALENTIN, *avec effroi.*

L'ERMITE! (*Il paraît atterré et balbutie.*) Je ne sais pas,... je ne crois pas.

LE MENDIANT, *avec un sourire méchant.*

Tu sais, mon Tristan, tu sais! Ta figure terrifiée et contractée me le dit bien; on n'oublie pas si vite son camarade de chaîne! Allions-nous bien ensemble! Comme deux cœurs! Et tous deux un peu sauvages, un peu donnant dans le grave. Les camarades nous avaient bien nommés : TRISTAN et l'ERMITE.

VALENTIN.

Voyons, que demandes-tu ? Je ne veux pas, moi, faire semblant de te méconnaître. Tu me rappelles un temps terrible, la honte de ma vie. Personne ne me connaît ici; j'y vis honnêtement, en bon ouvrier; on me fait travailler; je gagne plus que mon pain et mon logement. Si tu dévoiles mon passé, je suis déshonoré et perdu.

LE MENDIANT.

Sois tranquille, je ne suis pas méchant, je ne veux pas te perdre; seulement, tu vas me donner à dîner, à coucher, et puis un peu de monnaie pour gagner une autre couchée.

VALENTIN, *accablé.*

Prends tout ce que tu voudras; laisse-moi mes outils, je ne demande pas autre chose. Quant au dîner, je ne peux pas te le donner, car je ne mange pas chez moi et je n'ai rien à la maison.

LE MENDIANT.

C'est bien! Je ne demande pas l'impossible! Fais-moi voir ton magot. (*Valentin lui fait voir un buffet et ouvre un des tiroirs.*)

VALENTIN.

Prends, dit-il.

LE MENDIANT *compte et met dans ses poches.*

Cinquante, cent, cent trente-quatre francs !... Je suis bon prince, moi; je te laisse les quatre francs et j'empoche le reste. (*Il s'en va.*)

« C'est ui!... c'est bien lui... » (Page 186.)

SCÈNE VII.

VALENTIN *tombe sur une chaise;* DÉSIRÉ *s'approche doucement et le regarde avec surprise.*

DÉSIRÉ.

Monsieur Valentin, êtes-vous malade ? (*Valentin fait signe que non.*) Voulez-vous que j'appelle Mme Clopet ici à côté? (*Valentin fait signe que non.*) Vous êtes malade tout de même! Vous êtes si pâle! C'est ce méchant homme qui vous a tout bouleversé! (*Valentin le regarde avec effroi.*) N'ayez pas peur, monsieur Valentin ; il est parti, je crois bien. Il a passé par chez Mme Clopet, et il est ressorti par la porte du bout. J'ai entendu quelque chose de ce qu'il vous disait, et qu'il vous a pris tout votre argent. (*Valentin devient de plus en plus pâle; il veut parler et ne peut pas.*)

DÉSIRÉ, *courant vers la maison en face dans la cour.*

Au secours! M. Valentin va mourir. Madame Clopet, vite, au secours !

MADAME CLOPET *accourt et entre chez Valentin.*

Qu'est-ce qu'il y a donc ! Ah! mon Dieu ! ce pauvre Valentin! Va vite, Désiré, va chercher du monde. (*Désiré part en courant.*)

SCÈNE VIII.

VALENTIN, *sans connaissance;* MME CLOPET *lui soutient la tête; plusieurs voisins arrivent et s'agitent autour de lui;* DÉSIRÉ *revient.*

DÉSIRÉ.
Est-il mieux? Est-il revenu à lui?
LE BOURRELIER.
Que lui est-il donc arrivé, à ce pauvre Valentin?
MADAME CLOPET.
Je ne sais pas. Je l'ai trouvé quasi mort. Désiré, tu étais là, toi? Comment que c'est arrivé?
DÉSIRÉ.
C'est arrivé que le mendiant de tantôt lui a dit des choses qui ont paru le contrarier.
LE MARÉCHAL.
Quoi? Quelles choses?
DÉSIRÉ.
Il lui a dit qu'il s'appelait l'ERMITE, et puis il l'a appelé TRISTAN. Et puis il l'a tutoyé; et puis il lui a dit qu'il n'était pas méchant; et puis qu'il était son camarade de chaîne; et puis qu'il voulait manger et coucher; et puis qu'il voulait le magot. Et puis M. Valentin l'a mené au tiroir; et puis l'autre a ouvert; et puis il a pris cent trente francs; et puis il lui a laissé quatre francs; et puis il est parti; et puis j'ai regardé; j'ai vu le pauvre M. Valentin blanc comme un linge; et puis j'ai appelé; et voilà! (*Tous restent stupéfaits.*)

M. PUPUSSE, *d'un air mystérieux.*

Écoutez, mes amis; il y a quelque chose là-dessous; je suis lettré, comme vous savez; j'ai lu dans un livre très-savant que Tristan l'Ermite était un bourreau, mais un fameux! Vous avez tous entendu ce que Désiré nous a dit : le mendiant a appelé Valentin *Tristan l'Ermite.* Alors..... vous comprenez? (*Il se tait.*)

MADAME CLOPET.

Mais non, monsieur Pupusse, nous ne comprenons pas. Alors quoi?

M. PUPUSSE.

Vous ne comprenez pas que Valentin est un bourreau.

MADAME CLOPET.

Et l'autre, donc?

M. PUPUSSE.

L'autre? son compagnon, qui tient les chaînes de la guillotine et du couperet.

LE BOULANGER.

C'est affreux!

LE BOUCHER.

C'est horrible!

LE BOURRELIER.

Un bourreau chez nous!

UN AUBERGISTE.

Un bourreau dans le bourg! Et qu'allons-nous faire?

M. PUPUSSE.

Écoutez, mes amis! Prenez ma carriole, courez vite à la ville pour prévenir le brigadier de gendarmerie. (*Tous refusent et disent qu'ils ne savent rien.*) Eh bien! c'est Désiré, qui a tout entendu, que vous allez emmener avec vous.

DÉSIRÉ.

Non, je n'irai point. Je ne veux pas déposer contre M. Valentin, qui a été bon pour moi et qui m'a donné de bons conseils. (*Désiré se sauve; M. Pupusse court après, les autres courent après M. Pupusse.*)

SCÈNE IX.

VALENTIN, *qui revient à lui;* MME CLOPET *s'est éloignée avec terreur; elle rentre dans sa maison.*

VALENTIN, *se voyant seul, ouvre les yeux et regarde avec surprise.*

Je suis seul! Il est parti! Mon Dieu, je vous remercie!.... Pourvu que Désiré n'ait pas compris et qu'il ne parle pas! S'ils savaient! Si un seul savait! Je serais perdu! Mon Dieu, ayez pitié de moi! Que mon secret reste enseveli dans mon cœur! Et, s'il est connu, que je sorte de ce monde!

SCÈNE X.

VALENTIN, M. LE CURÉ, *entrant avec précipitation.*

LE CURÉ.

Eh bien! mon brave garçon, mon bon Valentin! on me dit que vous êtes malade, très-malade?

VALENTIN.

Merci bien, monsieur le curé; je ne suis malade

que d'esprit; le bon Dieu m'envoie une terrible épreuve; encore un châtiment du crime qui m'a fait passer cinq ans au bagne.

LE CURÉ, *inquiet*.

Quoi donc? Vous êtes, en effet, bien pâle, bien changé?

VALENTIN.

Monsieur le curé, mon compagnon de chaîne est venu mendier dans le bourg; il m'a reconnu; il s'est fait connaître à moi; je lui ai donné tout l'argent que j'avais pour lui faire garder le silence, mais je crains qu'il ne revienne, qu'il ne me fasse connaître.

LE CURÉ.

Soyez tranquille, mon cher Valentin. Le bon Dieu fait tout pour notre plus grand bien; et quand même ce scélérat vous trahirait, je ne vous abandonnerais pas et je vous protégerais contre tous ceux qui vous attaqueraient. « A tout péché miséricorde. » Je tâcherai de le leur faire comprendre.

VALENTIN.

Vous êtes bon, monsieur le curé, merci; du fond du cœur, merci.

LE CURÉ, *souriant*.

Je suis le serviteur de Dieu, mon cher Valentin; et je cherche à faire dire de moi: « Tel maître, tel valet. » Prenez donc courage, et comptez sur la miséricorde du bon Dieu.

SCÈNE XI.

LE CURÉ, VALENTIN, M. PUPUSSE, *traînant* DÉSIRE
qui résiste : UN BRIGADIER, DEUX GENDARMES.

(*Valentin est interdit; le curé le soutient.*)

LE BRIGADIER *touche son chapeau.*

Monsieur Valentin, vous avez été victime d'un vol, à ce que dit M. Pupusse que nous venons de rencontrer sur la route ? (*Valentin ne répond pas.*) Nous avons besoin de votre déposition pour poursuivre. Et je crois être sur les traces du voleur.

VALENTIN.

Je n'ai pas été volé, monsieur le brigadier.

LE BRIGADIER.

Comment? (*Se tournant vers M. Pupusse.*) Vous m'avez dit, monsieur Pupusse, que Valentin le menuisier avait été volé de tout ce qu'il possédait.

M. PUPUSSE.

Et je l'affirme encore, brigadier; interrogez Désiré. Approche, gamin. Raconte ce que tu as entendu. (*Désiré regarde Valentin, il lui fait signe de ne pas s'inquiéter.*)

DÉSIRÉ.

Monsieur le brigadier, j'ai vu le mendiant demander la charité à M. Valentin, qui a été à son tiroir et qui lui a donné de l'argent.

LE BRIGADIER.

Mais ce n'est pas voler, cela?

DÉSIRÉ.

Pour cela non, monsieur le brigadier; M. Valentin lui a donné.

LE BRIGADIER.

Est-ce vrai, monsieur Valentin?

VALENTIN.

La pure vérité, monsieur le brigadier.

LE BRIGADIER, *mécontent*.

Monsieur Pupusse, vous nous avez fait faire fausse route.

M. PUPUSSE, *très-animé*.

Fausse route? Je dis moi, que c'est à présent que vous faites fausse route! Et je sais, puisqu'on me force à le dire, que Valentin est le bourreau Tristan l'Ermite, bourreau d'un roi. (*Le brigadier, le curé, les gendarmes éclatent de rire, Valentin lui-même sourit.*)

LE BRIGADIER, *riant*.

Il fallait donc vous expliquer plus tôt, monsieur Pupusse. Si j'avais su que M. Valentin fût un bourreau, et, bien mieux, un bourreau de roi, je me serais bien donné de garde de l'approcher. A revoir, monsieur Valentin; bien pardon de la visite. (*Le brigadier, veut sortir, Mme Clopet entre tout effarée.*)

MADAME CLOPET, *essoufflée*.

Monsieur le brigadier, je suis volée! On m'a volée! Il m'a volée.

LE BRIGADIER.

Volée de quoi? Qui vous a volée? Qui soupçonnez-vous?

MADAME CLOPET.

Volée de mon argent! Volée de soixante-deux francs que j'avais en caisse? C'est le coquin de mendiant de tout à l'heure qui m'a volée ! C'est lui que je soupçonne, par conséquent.

LE BRIGADIER.

Ah ! tout juste l'homme que nous cherchons, qui est un forçat évadé. (*Le brigadier regarde Valentin qui est très-pâle.*) Monsieur Valentin, ce mendiant auquel vous avez donné votre argent, quelle mine avait-il ?

VALENTIN.

Je ne l'ai pas beaucoup regardé ; je ne saurais vous dire quel air il a.

LE BRIGADIER.

Vous ne pourriez pas me donner son signalement ? Il faut (*il appuie sur ce mot*) que vous vous le rappeliez, et que vous le donniez.

VALENTIN.

Il est grand comme moi, roux de cheveux, rouge de teint, nez pointu, bouche fine et serrée, menton de galoche.

LE BRIGADIER.

C'est bien cela, l'homme que nous cherchons : RONDEBEUF. Par où est-il passé en sortant de chez vous ?

VALENTIN.

Il est entré chez Mme Clopet ; je ne l'ai plus revu. (*Le brigadier fait signe aux deux gendarmes de le suivre et s'éloigne rapidement. Mme Clopet rentre chez elle fort agitée.*)

SCÈNE XII.

VALENTIN, LE CURÉ, M. PUPUSSE, DÉSIRE.

M. PUPUSSE, *mécontent*.

Monsieur Valentin ?

VALENTIN.

Monsieur Pupusse ?

M. PUPUSSE.

Il y a quelque chose de ténébreux dans cette affaire ! Il faudra bien que je la démêle et que vous y passiez. D'abord, il faut que je sache d'où vous venez et de quel pays est votre famille ?

VALENTIN, *froidement*.

Je n'en vois pas la nécessité.

M. PUPUSSE.

Si fait, monsieur, il y a nécessité, et je vous somme de m'instruire sur ce point important.

VALENTIN.

Je vous ai déjà dit, monsieur Pupusse, que je n'en vois pas la nécessité.

M. PUPUSSE.

Ah ! c'est comme ça ! Eh bien ! monsieur, j'ai dit et je maintiens que vous êtes bourreau, bourreau déjà fameux dans l'histoire ; que vos mains sont teintes du sang de vos semblables, des malheureuses victimes que vous avez immolées à la férocité de votre royal maître ! Je sais l'histoire, monsieur ! J'ai lu celle de vos méfaits, et je somme M. le curé de vous interdire les lieux sacrés, l'église et le cimetière, et de ne pas vous enterrer en terre sainte.

VALENTIN.

Monsieur Pupusse, il n'est pas encore question de m'enterrer, je pense ; ainsi, il n'y a pas matière à discussion.

M. PUPUSSE.

Monsieur le curé, je vous somme de me répondre.

LE CURÉ.

Monsieur Pupusse, vous n'avez aucun droit de m'interroger; je n'ai donc pas l'obligation de vous répondre.

M. PUPUSSE.

En qualité d'adjoint de la commune, je somme Désiré de nous redire devant M. le curé votre causerie avec votre compagnon de chaîne.

VALENTIN *frémit et pâlit*.

Et moi, monsieur, je vous somme de vous taire et de me laisser tranquille chez moi avec les personnes qui s'y trouvent.

M. PUPUSSE.

C'est bien, monsieur Valentin; je m'en vais, et vous ne me prendrez plus à remettre les pieds chez vous! Un bourreau! Jolie société! (*Il sort en colère*).

SCÈNE XIII.

VALENTIN, LE CURÉ, DESIRE.

DÉSIRÉ.

Monsieur Valentin, vous avez toujours été bon pour moi; tantôt vous m'avez donné de bons conseils; j'ai de l'amitié pour vous, et soyez tranquille, je ne vous trahirai pas.

VALENTIN, *inquiet*.

Comment pourrais-tu me trahir, mon ami?

DÉSIRÉ.

En redisant ce que vous a dit votre ami l'ERMITE,

« Vous ne me prendrez plus à remettre les pieds chez vous. » (Page 252.)

qui vous appelait Tristan et son compagnon de chaîne, et qui paraissait vous faire peur. J'ai vu qu'il vous a pris votre argent, que ce n'est pas vous qui le lui avez donné, mais que vous n'osiez le lui refuser. Et je suis bien fâché d'avoir dit quelque chose de cela aux autres, parce que je vois à présent que ça pourrait vous nuire. Je ne sais pas comment, par exemple ; mais je devine que ça vous contrarie. Ainsi, voilà-t-il pas M. Pupusse qui se figure que votre compagnon de chaîne, ça veut dire le camarade qui portait les chaînes pour attacher les condamnés. Je n'ai pas lu comme lui, moi, mais je sais bien que ce n'est pas ça et que ce serait plutôt....

LE CURÉ.

Que veux-tu dire, Désiré? Achève ta pensée, mon garçon ; n'aie pas peur.

DÉSIRÉ, *baissant la voix.*

Que ce serait plutôt.... la chaîne.... du galérien. (*Valentin s'appuie sur son établi; le curé lui dit à l'oreille, en lui serrant la main :* « Courage, mon ami, ne vous trahissez pas ! »)

LE CURÉ, *donnant une petite tape amicale sur la joue de Désiré.*

Tu es un bon garçon, Désiré ; c'est très-bien à toi d'être reconnaissant et de ne pas vouloir faire de tort à un homme qui t'a fait du bien. Mais, rassure-toi ; Valentin est un brave et honnête ouvrier ! Je le connais à fond ! et je le garantis digne de notre estime et de notre confiance à tous.

DÉSIRÉ.

Je suis content, monsieur le curé, que vous parliez comme ça de M. Valentin. Je pourrai le redire aux autres, mais je ne parlerai pas de ce qu'a dit l'autre.

LE CURÉ.

Non, mon garçon, n'en parle pas! Il y a des gens qui pourraient mal comprendre la chose, comme l'a fait, par exemple, M. Pupusse; et ce serait désagréable pour notre bon Valentin. (*On entend du bruit et des cris dans la rue*).

SCÈNE XIV.

Les précédents, Mme CLOPET, M. PUPUSSE, LE BRIGADIER, LES DEUX GENDARMES, *qui tiennent* LE MENDIANT.

LE MENDIANT, *se débattant*.

Je vous dis que vous êtes dans l'erreur la plus grande! Je suis un pauvre mendiant; je ne connais seulement pas votre Mme Clopet, et quant à ce brave menuisier qui a été touché de ma position et qui m'a donné quelque argent, je ne lui ai rien pris malgré lui; il vous le dira bien.

LE BRIGADIER.

Pas tant de bruit, Rondebeuf. Je vous connais! Inutile de vous en défendre! Comment expliquez-vous l'argent que vous avez sur vous?

LE MENDIANT.

Pas difficile, allez! C'est ce bon menuisier qui me l'a donné. Pas vrai, menuisier?

VALENTIN, *d'une voix faible*.

C'est vrai!

LE BRIGADIER.

Combien lui avez-vous donné, monsieur Valentin?

VALENTIN.

Cent trente francs, monsieur le brigadier. (*Chacun paraît surpris.*)

LE MENDIANT.

Vous voyez bien !

LE BRIGADIER.

Et comment aviez-vous cent quatre-vingt-douze francs dans votre sac?

MADAME CLOPET.

Voyez-vous ça! Tout juste mes soixante-deux francs.

LE MENDIANT.

Madame se trompe! Ni vu ni connu !

LE BRIGADIER.

Vous êtes pourtant entré chez Mme Clopet.

LE MENDIANT.

Ni vu ni connu, mon brigadier! Je le jure!

LE BRIGADIER.

M. Valentin a pourtant déclaré que vous étiez entré chez Mme Clopet en sortant de chez lui.

LE MENDIANT, *se retournant vivement vers Valentin*,

Tu as dit ça, toi? Tu as pu dire ça?

VALENTIN.

J'ai dit la vérité! J'ai dû la dire.

LE MENDIANT.

Ah! tu aimes la vérité! toi! Et tu trahis un ami pour ta vérité! Eh bien! je l'aime aussi, moi, et je vais la dire, moi, car, aussi bien dire vrai que faux, puisque ce diable de brigadier me connaît, me reconnaît et a la main sur moi. Je dis donc que tu es un gredin, un gueux, un voleur, un forçat; que tu as été mon com-

pagnon de chaîne à Brest; que tu as fait tes cinq ans;
que tu fais l'honnête homme à présent pour dévaliser
quelque oison du pays, et que je t'attends au bagne
où je te recommanderai et où je te ferai ton affaire,
traître, faux frère, canaille que tu es.

VALENTIN, *pâle comme un spectre, jette sur le mendiant un
regard douloureux, et dit d'une voix étouffée :*

L'Ermite, tu m'as perdu, tu m'as tué ! Mais je te
pardonne comme le bon Dieu m'a pardonné mes of-
fenses. J'ai volé, il est vrai ! Je me suis déshonoré !
Mais je crois et j'espère que les souffrances du bagne
ont tout expié et m'ont réhabilité devant le Dieu de
miséricorde. Devant les hommes je reste un misérable, un maudit. Seul, le saint serviteur de Dieu, le
consolateur des malheureux, m'a pris en pitié et en
grâce, tout en sachant ce que j'étais... Je te donne,
l'Ermite, l'argent que tu m'as pris ; puisse-t-il te pro-
fiter ; c'est l'argent d'un honnête homme, et honorablement gagné. (*Le curé serre Valentin dans ses bras;
Désiré se jette à son cou en sanglotant; Valentin, attendri, les embrasse. Mme Clopet s'essuie les yeux. M. Pupusse est stupéfait. Le brigadier s'approche de Valentin
et lui donne une poignée de main; les deux gendarmes
en font autant. Le mendiant fait tomber un des gendarmes par un croc-en-jambe, assomme l'autre d'un
coup de poing et se précipite à la porte pour sortir et se
sauver. Le brigadier le saisit au collet et lutte contre lui.
Avant que personne ait eu le temps de se reconnaître, le
mendiant tire un couteau caché dans ses vêtements et
le lève pour frapper le brigadier en pleine poitrine;
Valentin, qui a suivi avec anxiété les mouvements du
mendiant, s'élance au-devant du brigadier, reçoit le*

Le mendiant tire un couteau caché dans ses vêtements. (Page 258.)

LE FORÇAT. 261

coup de couteau, et tombe en répétant : « Je te pardonne, l'Ermite ! » *Le brigadier profite du premier moment de stupeur pour saisir le mendiant, le faire tomber et appuyer le genou sur sa poitrine. Les autres gendarmes, qui se sont relevés, se précipitent au secours de leur brigadier et garrottent solidement le mendiant. On l'emmène sans plus de résistance.)*

LE BRIGADIER.

Pauvre Valentin ! Brave garçon ! Soignez-le, mes amis, j'en serai reconnaissant. Je dois aller déposer ce scélérat à la prison de la ville. Je reviendrai savoir des nouvelles de mon sauveur. (*Il suit les gendarmes.*)

SCÈNE XV.

VALENTIN, *sans connaissance dans les bras du* CURÉ, *à genoux près de lui;* DÉSIRÉ *pleure et tient une des mains de Valentin;* MME CLOPET *gémit et gigotte sur l'établi;* M. PUPUSSE *reste la bouche ouverte, les yeux écarquillés, effrayé, mais triomphant.*

M. PUPUSSE.

Là! qu'est-ce que je disais! Et c'est mieux encore que ce que je disais! Un forçat! Un galérien! Je vous fais compliment, monsieur le curé? Vous avez là un joli paroissien !

LE CURÉ.

Oui, monsieur Pupusse, un brave et digne paroissien ! Puissent tous mes autres paroissiens lui ressembler !

M. PUPUSSE.

Merci bien, monsieur le curé ! Je préfère ne pas

avoir été au bagne! Chacun son goût, vous savez. En attendant, je lui retire ma pratique.
LE CURÉ.
Il n'est pas question de pratique aujourd'hui, monsieur Pupusse. Allez, de grâce, chercher le médecin.
M. PUPUSSE.
Moi! Moi Pupusse! Moi adjoint! que j'aille courir pour le service d'un galérien! plus souvent que j'irai. Vous êtes là pour lui donner l'absolution de ses crimes! Il ne lui en faut pas davantage. Moi, je vais raconter la chose aux gens du bourg. (*Il sort.*)

SCÈNE XVI.

VALENTIN, *toujours évanoui*, LE CURÉ, *le soutenant;* DÉSIRÉ Mᴍᴇ CLOPET.

LE CURÉ.
Madame Clopet, allez, je vous en prie, chercher le médecin. Je ne peux pas quitter le pauvre Valentin, dont je comprime la plaie pour arrêter le sang.
MADAME CLOPET.
Hélas! monsieur le curé, je n'ai pas de jambes! Elles ne supportent plus mon pauvre corps! La frayeur, l'émotion, la surprise! Je ne puis! Je vous laisse! Il faut que j'aille chercher des forces chez des amies et leur raconter ce qui vient de se passer; ça me soulagera. (*Elle sort.*)

SCÈNE XVII.

VALENTIN, *toujours évanoui;* LE CURÉ, *le soutenant;*
DÉSIRÉ, *pleurant.*

LE CURÉ.

Désiré, mon bon enfant, va, pour l'amour de Dieu, chercher le médecin ! J'ai beau appuyer sur la plaie avec mon mouchoir, il perd tout son sang. J'ai peur qu'il n'arrive malheur au pauvre Valentin.

DÉSIRÉ.

J'y cours de suite, monsieur le curé ! Pauvre M. Valentin ! Il est bien bon, pourtant ! Et je l'aime bien ! (*Il sort.*)

SCÈNE XVIII.

VALENTIN, *évanoui;* LE CURÉ, *le soutenant; peu d'instants
après* LE MÉDECIN ET DÉSIRÉ.

LE MÉDECIN.

Qu'y a-t-il donc, monsieur le curé ? (*Il voit Valentin.*) Comment, le bon Valentin, sans connaissance ! Du sang ? Que s'est-il donc passé ?

LE CURÉ.

Un coup de couteau que ce brave garçon a reçu pour le brigadier en se jetant entre lui et l'assassin. C'est pressé, docteur ! Valentin perd tout son sang.

(*Le médecin ôte son habit, tire son mouchoir et comprime fortement la plaie.*)

LE MÉDECIN.

Vite, envoyez chercher du *baume du Commandeur* chez moi, et donnez-moi du linge ; j'ai ici ma boîte à instruments. (*Le curé sort avec Désiré et revient bientôt apportant ce qu'a demandé le médecin. Aidé du curé, le médecin examine, sonde la blessure, rapproche les chairs, verse sur la plaie du baume du Commandeur mélangé d'eau, met une compresse mouillée du même mélange, la maintient fortement au moyen de deux serviettes et se relève.*)

LE CURÉ, *avec anxiété*.

Eh bien ! docteur ?

LE MÉDECIN.

Eh bien ! j'espère qu'il n'y a rien de grave ; le cœur n'est pas touché, le poumon non plus, dans deux jours, je pense pouvoir vous dire qu'il est sauvé. (*Le curé serre la main du docteur.*)

LE CURÉ.

Et le traitement ?

LE MÉDECIN.

Très-facile. Ne toucher à rien ; tenir la compresse toujours mouillée avec le mélange de baume du Commandeur et moitié eau. Il faut le secouer le moins possible, le coucher et le réchauffer au moyen de briques chaudes aux pieds et aux jambes. De l'eau à boire s'il a soif. Je reviendrai ce soir et demain matin.

LE CURÉ.

Envoyez-moi du monde, docteur, pour le transporter chez moi, au presbytère ; il y sera mieux soigné ; ici, le pauvre garçon est tout seul. (*Le docteur sort.*)

Ils emportent doucement Valentin toujours évanoui. (Page 267.)

SCÈNE XIX.

VALENTIN, *évanoui;* LE CURÉ, DÉSIRÉ; *peu après* LE BOURRELIER, LE BOUCHER, LE MAÇON.

LE BOURRELIER.

Nous voilà, monsieur le curé ; vous avez demandé du monde, nous voici prêts à votre service.

LE CURÉ.

Vous savez de quoi il est question, mes amis ?

LE MAÇON.

Oui, oui, monsieur le curé ; Pupusse nous a tout raconté.

LE BOUCHER.

Il voulait nous empêcher, mais.... un homme est un homme, et un chrétien est un chrétien.

LE CURÉ.

Très-bien, mes braves amis ! Prenez le matelas de dessus son lit avec les draps et les couvertures.... Posez à terre,... là... A présent, mettons-le dessus.... Et puis chez moi, au presbytère, et le plus doucement possible. (*Le maçon et le bourrelier se mettent à la tête du matelas, le curé et le boucher aux pieds, et ils partent emportant doucement Valentin, toujours évanoui. Désiré les suit.*)

ACTE II.

UN MOIS APRÈS.

La scène représente la cour de Valentin et de Mme Clopet.
L'école est au fond de la cour.

SCÈNE I.

PLUSIEURS ENFANTS *jouent et causent;*
plus tard vient DÉSIRÉ.

JULIEN.

On ne voit plus Désiré ! Que devient-il donc? Le voyez-vous, vous autres ?

CHARLOT.

Pas beaucoup, depuis que M. Valentin est revenu dans sa maison. Des instants, quand il passe en courant pour aller chercher quelque chose ou qu'il va demander quelque drogue pour M. Valentin.

JULIEN.

Pourquoi dis-tu *monsieur?*

CHARLOT.

Et comment veux-tu que je dise ?

JULIEN.

Valentin tout court, parbleu! Avec un forçat, il n'y a pas tant de façons à faire!

NICOLAS.

C'est vrai, au fait; il va falloir le traiter lestement quand il ouvrira sa boutique.

LE FILS DU MARÉCHAL.

Papa a dit qu'il ne voulait plus le faire travailler.

LE FILS DU BOUCHER.

Et papa a dit qu'il ne voulait plus lui fournir de viande.

LE PETIT CLOPET.

Et maman a dit qu'elle le ferait partir de sa maison; qu'elle ne voulait plus lui donner de logement chez elle.

LE FILS DU BOURRELIER.

Ah bien! papa ne dit pas comme vous autres!... Il dit que c'est un malheur pour M. Valentin, mais qu'il n'en est pas moins un honnête homme, et qu'un honnête galérien vaut mieux qu'un autre qui n'est pas encore assuré.

NICOLAS.

Voyons, à quoi allons-nous jouer?

CHARLOT.

Ah bien! jouons au forçat; l'un de nous sera le forçat échappé; les autres seront les gendarmes qui courent après. Voyons, va, Julien, cache-toi; tu seras le forçat.

JULIEN.

Tiens! je ne veux pas, moi! Sois-le, toi qui parles. J'aime mieux être gendarme.

TOUS LES ENFANTS.

Et moi aussi!

CHARLOT.

Il faut pourtant bien que nous attrapions quelqu'un.
JULIEN.

Tiens, voici Désiré qui sort de chez Valentin! C'est lui le forçat! Courons après. (*Ils courent tous à Désiré qui les repousse et veut se frayer un chemin ; les camarades l'entourent, le houspillent, lui tirent ses habits, ses cheveux. Désiré s'impatiente et distribue force coups pour se débarrasser des camarades. Il finit par tomber; les autres se précipitent sur lui : Désiré appelle du secours. Le curé paraît.*)

SCÈNE II.

Les précédents, LE CURE.

LE CURÉ.

Eh bien! pourquoi ce tumulte, ce tapage? Qui voulez-vous arrêter! Qui tenez-vous là par terre? (*Les enfants, honteux, s'écartent, le curé voit Désiré étendu, mais, aussitôt qu'il se sent libre, il se relève lestement et dit en s'époussetant :*)

DÉSIRÉ.

Pardon, monsieur le curé, je n'ai pas pu encore aller chercher ce que demandait M. Valentin, parce qu'ils m'ont attaqué et jeté par terre, je ne sais pourquoi.

CHARLOT.

Nous voulions jouer au forçat, et comme nous n'en trouvions pas un parmi nous qui voulût l'être, nous avons pris Désiré.

Le curé paraît. (Page 270.)

DÉSIRÉ.

Tiens! si vous me l'aviez dit, je n'aurais pas dit non, moi; seulement, je n'avais pas le temps pour le moment, puisque M. Valentin vient de me donner une commission.

LE CURÉ.

Mes enfants, ne jouez pas à ce jeu-là, c'est un mauvais jeu.

JULIEN.

Pourquoi, monsieur le curé?

LE CURÉ.

Parce que M. Valentin est dans la maison ici près, qui donne sur la cour, et qu'il pourrait vous entendre.

NICOLAS.

Qu'est-ce que ça fait ça?

LE CURÉ.

Ça fait qu'il en aurait de la peine, et vous ne voudriez pas lui faire de la peine, à lui qui a toujours été bon pour vous.

DÉSIRÉ.

Et qui nous a donné de si bons conseils.

JULIEN.

Ah bah! un forçat, ce n'est pas si délicat!

LE CURÉ.

Tout comme un autre, et plus qu'un autre! Et ce que tu dis là, Julien, est très-mal. (*Les enfants se dispersent et vont jouer plus loin. Désiré sort.*)

SCÈNE III.

LE CURÉ, *un instant après* VALENTIN

LE CURÉ, *pensif, va et vient dans la cour.*
Pauvre Valentin ! jusqu'aux enfants, tout le monde le fuit et le méprise. Je crains qu'il ne puisse pas tenir à cet abandon général. Moi, je ne l'abandonnerai pas ! Mais, comment vivra-t-il sans ouvrage, si toutes ses pratiques le quittent ! (*Il s'assied sur un banc près de la porte de Valentin et semble réfléchir. La porte s'ouvre et Valentin paraît, pâle et faible. Il s'assied près du curé et lui tend la main ; le curé tressaille.*) Ah ! c'est vous, mon pauvre garçon ! Pourquoi avez-vous quitté votre chambre ?

VALENTIN.

J'avais besoin d'air, monsieur le curé ! Depuis cette blessure j'étouffe, je ne respire à l'aise qu'au grand air. J'ai entendu ce qui vient de se passer. Laissez-les, monsieur le curé, laissez ces enfants ; le bon Dieu me punit, c'est juste ! J'ai été si coupable !

LE CURÉ.

Et si cruellement puni, mon ami !

VALENTIN.

Mais, voyez comme j'ai profité de la punition, monsieur le curé. Le bon Dieu a permis que, pendant mon séjour dans cet enfer, de saints religieux fussent venus prêcher une mission ; le bon Dieu a touché mon cœur ; je suis revenu à la foi de mon enfance, je la

« J'avais besoin d'air, monsieur le curé » (Page 274.)

conserve et je suis heureux d'expier par la honte le vol honteux que j'ai commis chez le bienfaiteur de ma première jeunesse.

LE CURÉ.

Ce sentiment est beau et chrétien, mon cher Valentin; mais comment vivrez-vous s'ils vous fuient tous, si vous n'avez pas d'ouvrage?

VALENTIN.

J'espère en avoir, monsieur le curé; j'espère vaincre leur répugnance avec votre aide et celui du brigadier, qui m'a promis de leur parler en ma faveur.

LE CURÉ.

Je l'espère un peu aussi, mon ami; mais ils sont bien montés contre vous.

VALENTIN.

Pas tous, monsieur le curé; voyez le bon petit Désiré, qui demande à son père de rester chez moi comme apprenti. Le tout est d'avoir un peu d'argent pour attendre l'ouvrage.

LE CURÉ.

Quant à ça, mon ami, ne vous en tourmentez pas; vous savez ce que vous a dit le brigadier; et puis ma bourse, quoiqu'elle soit maigre, peut encore s'ouvrir pour vous, ayez bon courage! Le bon Dieu n'abandonne pas les siens. Prenez des forces, et, quand elles seront revenues, l'ouvrage ne manquera pas.

SCÈNE IV.

Les précédents, LE BRIGADIER.

LE BRIGADIER.

Te voilà dehors, mon bon, brave garçon! Je suis content de te voir guéri! si ce garçon t'avait touché au cœur, le mien eût été bien malade. Penser qu'un brave garçon comme toi s'était sacrifié pour moi, c'eût été un rude souvenir, va! Mais... tout est pour le mieux!

LE CURÉ.

Il s'agit seulement, mon brave brigadier, d'empêcher nos gens du bourg de tourner le dos avec mépris à notre honnête forçat.

LE BRIGADIER.

Laissez-moi faire. Valentin, mon ami, te sens-tu de force à supporter une visite des gros bonnets du bourg, moi en tête?

VALENTIN.

Je crois qu'oui, monsieur le brigadier.

LE BRIGADIER.

Bon! attends moi ici; et vous aussi, monsieur le curé, car j'aurai peut-être besoin de votre aide. (*Il sort.*)

« Tu es un brave homme auquel je suis fier de serrer la main. » (Page 292.)

SCÈNE V.

LE CURE, VALENTIN; *puis* DÉSIRÉ, *apportant un pain.*

DÉSIRÉ.

Voilà, monsieur Valentin. J'ai été longtemps, parce que le boulanger ne voulait pas donner de pain. Il a fallu que papa vînt l'acheter comme pour lui.

VALENTIN, *soupirant*.

Merci, mon enfant; merci. Je te donne bien du mal, mais ton courage te soutient; tu ne recules pas devant le pauvre forçat.

DÉSIRÉ.

Ne parlez pas comme ça, monsieur Valentin; c'est comme si vous m'insultiez quand vous dites de ces choses. Vous m'avez empêché bien des fois de faire des sottises; je n'oublie pas cela, allez, et je vous aime bien; et je suis très-content que papa me permette de rester avec vous comme apprenti. Nous serons toujours amis, je le sens bien.

VALENTIN.

Oui, mon petit ami; toujours, s'il plaît à Dieu! Je n'oublierai pas comment tu t'es comporté à mon égard depuis un mois que j'ai été frappé.

SCÈNE VI.

Les précédents, LE BRIGADIER, *suivi d'une grande partie des gens du village; Valentin veut se lever, le brigadier le fait rasseoir.*

LE BRIGADIER.

Reste, mon garçon, reste là. Je t'ai amené tout ce monde, que j'avais prévenu dès hier, pour te complimenter de ta belle conduite le jour où ce gredin de forçat, ton ancien compagnon de chaîne, a voulu me faire sortir de ce monde pour m'éviter les peines de la vie. C'est un gueux; il est à son poste, au bagne. Toi, tu es un brave homme, un honnête homme, auquel je suis heureux et fier de serrer la main; tu seras estimé, respecté et aimé de tous, quoique tu aies commis une faute dans ta vie, et que tu aies subi une rude peine pour l'expier. (*Se tournant vers la foule.*) Croyez-vous, vous autres, que ce soit une petite chose, une pénitence de rien, de passer cinq années au bagne avec un tas de bandis, de scélérats? Il faut avoir une force et un courage de Samson pour résister à ces canailles et pour y devenir un honnête homme et un bon chrétien. Et je vous dis, moi, qu'un honnête forçat est plus estimable, plus digne de confiance et de respect que le plus honnête d'entre nous, y compris ma brigade composée de la crème des braves, y compris moi qui vous parle. Et celui qui repoussera mon ami, mon sauveur Valentin, qui ne l'honorera pas, qui ne lui portera pas respect, celui-là est un lâche et un sans cœur, et tous

Les enfants sont tous sortis et tous crient : « Vivent M. Valentin ! »
(Page 285.)

vous devez voir et aimer en lui un brave, un bon chrétien, une âme d'élite. Pas vrai, monsieur le curé? Quant à moi, je méprise le sot, le lâche qui méprise le brave Valentin, et devant vous tous je lui témoigne ma reconnaissance de m'avoir sauvé la vie aux dépens de la sienne. (*Le brigadier serre Valentin dans ses bras. Valentin, très-ému, le remercie et appelle sur lui les bénédictions de Dieu.*)

LE CURÉ.

Ce que vous faites, mon cher brigadier, est bien! Ce que vous dites est juste et vrai. Comme vous, je proclame devant tous que j'aime et que j'estime Valentin; et je déclare que notre devoir à tous est de l'aider à gagner sa vie honorablement en lui donnant du travail comme par le passé. Il n'a plus rien à nous cacher; il peut parler sans honte de son passé; il vous portera à tous une grande reconnaissance de votre généreux procédé. Il a déjà été fort touché de l'offre que lui a faite M. Grand, notre brave bourrelier, ancien soldat, et qui comprend bien l'honneur. Il lui donne son fils Désiré comme apprenti menuisier.

PLUSIEURS VOIX.

C'est bien ça! Nous en ferions bien autant.

D'AUTRES VOIX.

Et nous adoptons M. Valentin comme un des nôtres.

D'AUTRES VOIX.

Et nous ferons pour lui comme M. le curé et comme M le brigadier.

TOUS ENSEMBLE.

Vive Valentin! vive notre ami Valentin! (*Le bruit*

fait sensation à l'école; le maître d'école a ouvert la porte; les enfants sont tous sortis, et tous crient sans savoir pourquoi : « Vive M. Valentin ! Vive notre ami M. Valentin ! » *Valentin est fort ému; il les remercie tous; le brigadier donne des poignées de main de tous côtés. M. Pupusse accourt.*)

SCÈNE VII.

Les précédents, M. PUPUSSE.

MONSIEUR PUPUSSE.

Qu'est-ce qu'il y a donc chez le forçat? On le met en pièces, on lui démolit sa maison?

MADAME CLOPET.

Prends garde à la tienne, méchante langue, mauvais cœur! Tu voudrais bien qu'on mît en pièces celui que tu as toujours jalousé et détesté? Il est plus blanc que toi, cœur de corbeau! Et nous respectons, nous aimons M. Valentin....

MONSIEUR PUPUSSE.

Valentin le forçat! Ah! ah! ah! la bonne farce!

LE BOUCHER.

Prends garde qu'on ne t'en fasse une de farce, mauvaise langue! et que nous ne te donnions une bonne danse que tu mérites!

MONSIEUR PUPUSSE

Ils sont fous, dites donc, brigadier. Chassez-moi ce forçat qui déshonore notre bourg.

« C'est toi qui va être chassé d'ici, langue de vipère. »
(Page 287.)

LE MAÇON.

C'est toi qui vas être chassé d'ici, langue de vipère. A la porte le Pupusse, indigne d'être notre adjoint ! A la porte ! (*Tous entourent M. Pupusse qui est pâle comme un linge ; on le bouscule un peu et on le met dehors.*)

LE CURÉ.

Je vous remercie pour Valentin, mes bons amis, d'avoir si chaudement pris son parti; et je remercie le brigadier de vous avoir fait comprendre à tous la bonté et la justice du proverbe : A TOUT PÉCHÉ MISÉRICORDE.

LE PETIT DE CRAC

PERSONNAGES.

M. DE RAMIÈRE.
Mme DE RAMIÈRE.
M. DE PONTISSE.
Mme DE PONTISSE.
GERTRUDE DE RAMIÈRE, 13 ans.
FRANCINE de RAMIÈRE, 12 ans.
HECTOR, 14 ans } leurs cousins.
ACHILLE, 13 ans }
GUDULE DE PONTISSE, 12 ans.
LÉONCE DE PONTISSE, 14 ans.

La scène se passe à Paris.

ACTE PREMIER.

<small>La scène représente une terrasse donnant sur un jardin; au fond un salon et d'autres chambres donnant sur la terrasse.</small>

SCÈNE I.

GERTRUDE, FRANCINE.

GERTRUDE.

C'est singulier que Léonce et Gudule n'arrivent pas; l'heure est passée; ils sont toujours si exacts.

FRANCINE.

Tu sais bien comment est Léonce! Il lui passe des idées bizarres par la tête, et il oublie tout ce qu'il doit faire.

GERTRUDE.

J'espère qu'il ne va pas oublier que nous l'attendons

pour répéter notre charade, et que mes cousins Hector et Achille doivent venir pour le voir.

FRANCINE, *souriant*.

Surtout pour l'entendre et lui voir faire ses tours d'adresse

GERTRUDE.

Voilà longtemps qu'il nous parle de ses tours d'adresse; il les promet toujours, et il ne les commence jamais.

SCÈNE II.

Les précédents, HECTOR, ACHILLE.

HECTOR.

Bonjour, mes cousines; vous êtes encore seules! Léonce et Gudule ne sont pas arrivés?

FRANCINE.

Non; je ne sais pas ce qui leur prend; nous les attendons depuis une demi-heure.

GERTRUDE.

Écoutez, ce que nous avons de mieux à faire, c'est de ne plus les attendre et de nous passer d'eux.

ACHILLE.

Très-bien! Commençons alors l'arrangement de notre théâtre.

HECTOR.

Et puis, nous pourrons répéter entre nous nos rôles des charades.

GERTRUDE.

Je veux bien; seulement il nous manquera deux

personnages; et puis, nous n'avons pas la fin des charades; c'est Léonce qui les a gardées pour copier son rôle.

FRANCINE.

Les voilà! Je les entends.

SCÈNE III.

LES PRÉCÉDENTS, GUDULE, LÉONCE.

TOUS.

Ah! vous voilà, enfin!

GERTRUDE.

Vous nous avez fait perdre plus d'une heure.

GUDULE.

C'est bien la faute de Léonce; il n'est jamais prêt.

LÉONCE.

Moi! par exemple! Je suis prêt depuis plus d'une heure!

HECTOR.

Et pourquoi n'arrivais-tu pas?

LÉONCE.

Parce que, par le plus grand des hasards, je me suis trouvé enfermé dans ma chambre.

ACHILLE.

Par qui? Comment cela s'est-il fait?

LÉONCE.

Par qui? Je n'en sais rien. Comment? je n'en sais pas davantage; mais, me voyant enfermé, j'ai voulu passer par la fenêtre.

FRANCINE.

Ah mon Dieu! Du troisième étage!

LÉONCE.

Oui! Mais moi, je ne crains rien! C'était la moindre des choses! J'ouvre la fenêtre; j'enjambe; je me trouve sur un petit cordon de briques; j'avance bravement; je passe de maison en maison; je descends un peu chaque fois que je trouve un cordon de briques placé plus bas! Je fais toute la rue....

HECTOR, *impatienté.*

Oh! c'est trop fort!

LÉONCE.

Laisse-moi parler. J'arrive au coin; je vois un omnibus qui tourne la rue; ce n'était pas beaucoup plus bas que le petit chemin de briques où je me trouvais; je m'élance....

ACHILLE, *riant.*

De quelle hauteur?

LÉONCE.

De vingt pieds tout au plus. Je tombe juste au milieu de l'omnibus qui m'emporte au grand trot. J'appelle le conducteur; malheureusement il s'est trouvé sourd. Il marche toujours, et je n'ai pu descendre qu'à une lieue de chez moi, quand l'omnibus s'est arrêté.

GUDULE.

Et comment as-tu fait pour revenir?

LÉONCE.

J'avais trente centimes dans ma poche; je suis monté dans un autre omnibus qui m'a ramené chez moi, et voilà pourquoi nous sommes en retard. Vous comprenez que ce n'est pas ma faute.

« Je passe de maison en maison. » (Page 296.)

HECTOR.

Je comprends que tu nous inventes une histoire comme tu fais toujours ; et je devine que tu t'es échappé de la maison, que tu as été chez un pâtissier, où tu as dépensé tes trente centimes, et que Gudule t'a attendu pendant tout ce temps.

GUDULE.

Je crois, Hector, que tu devines très-juste.

LÉONCE.

Eh! laissez donc! Il ne s'agit pas de se disputer, mais de s'amuser. Je veux bien vous pardonner de ne pas me croire, mais je veux m'amuser. A quoi allons-nous jouer?

FRANCINE.

Répétons la charade que nous devons jouer dimanche pour la fête de notre bon oncle.

LÉONCE.

Je veux bien moi. Je suis bon garçon; je veux tout ce qu'on veut.

GUDULE.

As-tu apporté le papier, avec nos rôles que tu avais pris pour copier le tien?

LÉONCE.

Certainement, certainement.

GUDULE.

Veux-tu nous le donner?

LÉONCE.

Certainement, certainement.

GUDULE.

Donne donc!

LÉONCE.

Attends ; laisse-moi chercher. (*Il fouille dans ses*

poches.) C'est singulier! Je ne trouve pas ... Qu'est-ce que j'en ai fait?

GUDULE.

Pas difficile à deviner ; tu l'as laissé à la maison.

LÉONCE, *se tapant le front*.

Ah! je devine! Je l'avais quand j'ai passé par la fenêtre; il sera tombé sur l'omnibus quand j'ai sauté dessus.

HECTOR.

Écoute! Léonce! Finis tes sottises. Tu penses bien que nous ne croyons pas un mot de ton omnibus ni de ta promenade impossible sur une arête de briques sur laquelle un rat n'aurait pu se tenir; dis-nous franchement si tu as oublié la charade chez toi, ou si tu laissée exprès parce que tu n'as pas copié ton rôle et que tu n'en sais pas le premier mot.

LÉONCE.

Je te dis que je l'avais sur moi.

GUDULE.

Alors, va la chercher chez le pâtissier.

LÉONCE.

Je te prie de te taire, toi. Tu parles à tort et à travers, et tes paroles m'offensent.

GUDULE.

Ah! ah! ah! monsieur se trouve offensé! Bien des excuses à monsieur (*Elle fait une grande révérence*) pour n'avoir pas cru aux énormes mensonges qu'il nous a débités!

LÉONCE, *levant les épaules*.

Vilaine sotte! Si je ne me sentais la force de t'écraser comme une puce entre le pouce et l'index, je te répondrais comme tu le mérites.

GUDULE.

Essaye donc. Allonge le pouce et l'index, et tu verras si je suis facile à écraser.

LÉONCE.

Tu ne connais pas ma force, malheureuse !

GUDULE.

Je ne la connais pas du tout, il est vrai.

GERTRUDE.

Nous voudrions bien la connaître.

FRANCINE.

Et nous te prions de nous la faire connaître.

LÉONCE.

Vous ne savez donc pas, imprudentes, que pas plus tard que ces jours-ci, j'ai relevé un cheval qui passait dans la rue.

FRANCINE.

Comment, relevé ?

LÉONCE.

Avec mes deux mains ! Un cheval avait glissé, était tombé, se trouvait pris dans des cordes qu'il avait sur le dos, et il ne pouvait pas se relever ; une foule de gens s'était rassemblée autour de lui ; on le tirait, on le poussait, rien n'y faisait. Qu'est-ce que je fais ! J'écarte tout le monde ; j'arrive au cheval, je le pousse de mes deux mains ; je le soutiens ; il se relève un peu, puis encore un peu, puis tout à fait. Et la foule s'est mise à crier : « Bravo ! le jeune Hercule ! Vive Hercule ! » Quand j'ai vu qu'ils allaient me porter en triomphe, je me suis sauvé et je suis rentré à la maison.

GUDULE.

Quand as-tu fait ce beau tour de force ?

LÉONCE.

La semaine dernière.

GUDULE.

Quel jour?

LÉONCE.

Est-ce que je sais, moi? Ce n'est déjà pas si extraordinaire, que je le remarque comme une chose merveilleuse dans ma vie.

GUDULE.

Et comment n'en as-tu pas parlé?

LÉONCE.

Parce que je n'y ai pas pensé.

GUDULE.

C'est probable, comme ton omnibus.

GERTRUDE.

Mais tout cela ne nous rend pas notre charade, et nous ne pourrons pas la répéter.

LÉONCE.

Écoutez, mes amis; pour vous satisfaire, je vais courir au bureau de l'omnibus pour tâcher de la retrouver. Sans adieu; je reviens dans un quart d'heure. (*Il sort.*)

SCÈNE IV.

GUDULE, GERTRUDE, FRANCINE, HECTOR, ACHILLE.

FRANCINE.

Sais-tu, Gudule, que Léonce devient par trop menteur?

GUDULE.

Je ne le sais que trop; autant de mots, autant de mensonges; impossible de croire à ce qu'il dit.

FRANCINE.

N'as-tu pas essayé de le corriger?

GUDULE.

Il ne m'écoute pas; tout ce que je dis est inutile.

GERTRUDE.

Et tes parents, ne le punissent-ils pas?

GUDULE.

Il se donne bien garde de mentir en leur présence. Papa l'a si bien houspillé un jour qu'il avait inventé une histoire impossible, qu'il n'a pas osé recommencer devant lui; mais, entre nous, il est insupportable.

GERTRUDE.

Hector, invente donc quelque chose qui puisse lui donner une bonne leçon.

HECTOR.

Écoute, j'ai une idée. Puisque nous n'avons pas notre charade aujourd'hui....

FRANCINE.

Il est allé la chercher; il va la rapporter.

HECTOR.

Tu crois cela? il n'a rien copié, rien appris, et il va revenir les mains vides nous faisant quelque nouveau conte.

SCÈNE V.

Les précédents; LÉONCE, *accourant*.

LÉONCE, *haletant*.

Mes amis, mes bons amis, je reviens les mains vides.

HECTOR.

Tu n'avais pas besoin de le dire, nous en étions sûrs d'avance.

LÉONCE.

Comment pouviez-vous deviner ce qui m'est arrivé, et ce qui m'a empêché de rapporter notre charade?

ACHILLE.

Nous ne savons pas ce qui t'est arrivé, mais nous savions qu'il t'arriverait quelque chose, et que cette chose t'empêcherait d'apporter le cahier de charades.

LÉONCE.

Eh bien! mes amis, vous allez voir si je pouvais vous apporter votre cahier. J'entre dans la maison en courant, j'appelle; personne ne répond; je monte, j'appelle encore! Rien! personne! j'entre dans le corridor, j'entends un grognement. Je m'arrête, j'écoute; j'entends un rugissement étouffé. Je n'ai pas peur, j'avance; je vois une énorme masse noire à la porte de ma chambre; je n'ai pas peur, mais je m'arrête pour voir ce que ce peut être. La masse noire avance vers moi tout doucement; j'entends des grognements, des rugissements; je ne borge pas La masse approche, devient plus grande, plus grande, et je vois, devinez quoi !

GUDULE.

Rien du tout ?

LÉONCE.

Tu n'y es pas.

GERTRUDE.

Un voleur ?

LÉONCE.

Pis que cela.

FRANCINE.

Un chien !

LÉONCE.

Pis que cela.

HECTOR, *riant*.

Un cheval, un taureau !

LÉONCE.

Pis que cela.

ACHILLE

C'était donc le diable ?

LÉONCE.

Pas tout à fait; c'était un ours !

TOUS, *ensemble*.

Un ours ! Un ours dans une maison, à Paris ?

LÉONCE.

Un ours, mes amis, un ours gris, énorme, furieux, qui arrivait à moi les yeux flamboyants, la gueule ouverte, prêt à me dévorer, les pattes étendues, prêt à m'étouffer. Vous jugez de mon embarras....

GUDULE, *avec ironie*.

Et de ta frayeur !

LÉONCE, *avec dignité*.

Je t'ai dit que je n'avais pas peur. Mais, comment

faire? pas une minute pour réfléchir! Pas le temps de me sauver; l'ours avançait toujours et me touchait presque : heureusement que j'aperçois sur une table près de moi un couteau de cuisine....

HECTOR.

Dans le corridor?

LÉONCE.

Oui, mon cher, dans le corridor. Je saisis le couteau, et, au moment où le nez de l'animal touche mon nez, je lui enfonce le couteau dans la bouche, de manière à ce que la pointe touche le palais et le manche appuie sur la langue; l'ours, en voulant fermer la bouche pour dévorer mon bras, s'enfonce le couteau dans le palais; furieux, il veut arracher le couteau avec ses pattes, mais il ne peut pas le saisir, et il se l'enfonce de plus en plus dans la gueule; dans sa rage, il se met à danser, à sauter, à se rouler; je danse, je saute, je me roule avec lui; je ris pendant qu'il hurle; je bats des mains pendant qu'il rugit; il me poursuit, je l'évite; il tourne, je tourne; nous avons l'air de valser. Enfin, le malheureux animal perd tout son sang; il s'affaise, il tombe, il se débat et s'étend près de ma porte. Vous comprenez, mes amis, que je ne pouvais pas entrer dans ma chambre avec une masse si lourde gardant ma porte.

ACHILLE.

Pourquoi ne l'as-tu pas roulée plus loin?

LÉONCE.

Est-ce que je le pouvais, moi! une si grosse bête!

ACHILLE, *d'un air moqueur.*

Tu as bien relevé un gros cheval il y a peu de jours!

« Je danse, je saute, je me roule avec lui. » (Page 306.)

LÉONCE, *embarrassé*.

Certainement, certainement; mais.... c'est autre chose! Et puis,... et puis,... l'ours gigottait encore; il pouvait me griffer,... et tu sais qu'un coup de griffe d'ours, ce n'est pas une plaisanterie.

HECTOR.

Mon cher, la griffe de cet ours-là ne t'aurait pas fait beaucoup de mal, je pense.

LÉONCE.

Vraiment! Un ours haut comme la chambre!

HECTOR.

Laisse donc, il n'y a pas plus d'ours que sur ma main; et, si tu veux, je vais l'aller voir chez toi à l'instant.

LÉONCE.

Tu ne verrais rien du tout.

HECTOR.

Pourquoi cela?

LÉONCE.

Parce qu'il n'y a plus d'ours.

HECTOR.

Comment? il n'y a plus d'ours? Tu viens de dire que tu ne pouvais pas remuer une masse pareille.

LÉONCE.

Certainement. Aussi n'ai-je pas voulu l'essayer, bien que j'aurais probablement pu le repousser. Mais j'ai pensé qu'un bifteck d'ours, des pattes d'ours, étaient un régal délicieux; et j'ai couru chercher le cuisinier.

GUDULE.

Quel cuisinier?

LÉONCE.

Mais le cuisinier! Notre cuisinier!

GUDULE.

Nous n'avons qu'une cuisinière, tu le sais bien.

LÉONCE.

Mais laisse-moi donc raconter! tu troubles mes idées. Je ne sais plus où j'en étais!

GUDULE.

Tu en étais à l'invention d'un ours mort et d'un cuisinier.

LÉONCE.

Ah! oui. Je cours chercher le cuisinier pour découper l'ours : il lui saisit une patte et donne un coup de couteau pour la détacher.

GERTRUDE.

Nous allons donc manger de l'ours; car tu vas nous en donner un morceau, j'espère.

LÉONCE.

Je vous en aurais donné la moitié si j'avais pu le garder; mais je ne l'ai plus.

FRANCINE, *surprise*.

Tu ne l'as plus? Tu as tout mangé?

LÉONCE.

Je n'en ai pas seulement goûté une bouchée ; mais tout Paris va en manger ce soir.

ACHILLE.

Comment ça, donc?

LÉONCE.

Parce que le cuisinier a trouvé cet ours si gras, si appétissant, si énorme, qu'il a été chercher le portier pour le lui faire voir, et qu'il s'est mis à crier à la porte : « Un ours ! un ours ! » Tous les gens qui passaient entraient pour voir l'ours ; chacun a voulu en emporter un morceau, il n'est rien resté de ce superbe animal ; rien ! pas seulement la queue.

HECTOR.

Et tout ça a été commencé et fini en dix minutes ? L'ours vivant et grognant, l'ours mort tué par toi, l'ours coupé en lambeaux et emporté par la foule ; tout ça a été fait en moins de dix minutes ?

LÉONCE.

Oui, en un instant ! Pif ! paf ! je le tue. Cric ! crac ! on le coupe. Vlin ! vlan ! tout est disparu.

GERTRUDE.

Léonce, ce que tu racontes là est par trop fort ! et je t'assure qu'il t'arrivera malheur avec tes mensonges. Quand tu auras besoin de secours, on ne te croira pas et on ne te secourra pas.

LÉONCE.

Bah ! bah ! je n'aurai besoin de personne et je me moque bien de leur secours.

FRANCINE.

Tout ça est bel et bon, mais notre charade, nous ne l'avons pas, tout de même, et nous ne pourrons pas la répéter.

GERTRUDE.

Inventons-en une autre.

GUDULE.

Je ne demande pas mieux ; mais pour punir Léonce, c'est lui qui la devinera.

HECTOR.

Oui, oui, allons la préparer ; Léonce, attends-nous ici, nous ne serons pas longtemps absents. (*Ils sortent.*)

SCÈNE VI.

LÉONCE, seul.

(Il paraît contrarié et se jette dans un fauteuil.)

Tous partis ! Ils me laissent seul ! Ils ne croiront pas ce que je leur ai dit.... Je crois que j'ai été trop loin; je n'aurais pas dû parler d'un ours, mais d'un chien enragé qui se serait établi dans le vestibule et m'aurait empêché d'avancer.... C'eût été plus probable.... C'est Hector qui est le plus ennuyeux, il ne croit à rien.... Les filles sont mieux, elles avalent tout.... Cette pauvre Gudule ! que de fois elle a cru à mes inventions ? L'autre jour, quand je lui dis que grand'mère s'était cassé la jambe, elle y a couru avec sa bonne!... *(Il rit.)* J'ai eu peur, tout de même! Si papa l'avait su, il m'aurait puni ferme! Heureusement que Gudule n'a pas dit que c'était moi qui l'avait raconté. Elle est bonne fille, Gudule! Elle m'a sauvé plus d'une fois de la colère de papa et de maman!... Comme ils sont longtemps! Vont-ils bientôt finir! Je m'ennuie, moi!

SCÈNE VII.

LÉONCE, Mme DE RAMIÈRE.

MADAME DE RAMIÈRE.

Bonjour, Léonce; par quel hasard êtes-vous tout seul? Où sont mes filles et leurs cousins?

LÉONCE.

Ils sont allés préparer une comédie, madame.

MADAME DE RAMIÈRE.

Et pourquoi ne la jouez-vous pas avec eux?

LÉONCE.

Parce que je me trouvais trop malade, madame, quand ils sont partis.

MADAME DE RAMIÈRE.

Trop malade! Qu'avez-vous donc, mon pauvre garçon, et comment vos amis ont-ils pu vous abandonner sans secours?

LÉONCE.

C'est qu'ils ont eu peur, madame, ils se sont sauvés.

MADAME DE RAMIÈRE.

Mais qu'est-ce que cela veut dire? Comment? Au lieu de vous soigner, d'appeler du monde pour les aider, ils se sauvent!

LÉONCE.

C'est qu'ils ont eu peur d'être mordus!

MADAME DE RAMIÈRE.

Mordus! Par qui donc?

LÉONCE.

Par moi, madame, parce que j'ai eu un petit accès de rage.

MADAME DE RAMIÈRE, *avec terreur.*

De rage! Mais vous avez donc été mordu par un chien enragé?

LÉONCE.

Oh! il y a longtemps! Par un petit chien à Gudule; mais pas enragé du tout; il m'a mordu à la main, et tout à l'heure j'y pensais; je ne sais pourquoi j'ai cru le voir, et je me suis mis à crier.... Non,... à aboyer,... je crois.... Ils ont eu peur.... Et je les vois encore! Aïe! aïe! Il me poursuit, il veut me mordre! (*Léonce se jette par terre, saute, se roule, crie, aboie. Mme de Ramière, effrayée, s'échappe ferme la porte à double tour. Léonce se relève en riant. Il fait quelques pas dans la chambre, s'arrête, et paraît inquiet.*)

SCÈNE VIII.

LÉONCE, *seul.*

Je crains d'avoir fait une sottise; ils vont tous me croire enragé.... Et on ira prévenir papa et maman, qui auront une peur effroyable et qui seront furieux quand ils verront que je ne suis pas enragé pour de bon.... (*Il se gratte l'oreille.*) Je suis dans une mauvaise position.... Comment faire pour en sortir?.... Nier, c'est impossible!... Avouer que j'ai menti, c'est impossible!... Ils me tueront dans le premier moment de colère! (*Il se promène avec agitation. Une tête apparaît à la fenêtre; il se jette dessus comme pour mordre. La tête pousse un cri et disparaît. Léonce s'arrête, son visage s'éclaircit; il sourit.*) J'y suis ! J'ai une idée ! Je suis sauvé ! (*Il s'élance à la fenêtre, l'ouvre, brise deux carreaux, saute dehors et disparaît. Au même moment la porte s'entr'ouvre avec précaution, M. de Ramière passe la tête, ne voit personne, et entre suivi de trois domestiques portant des cordes.*)

SCÈNE IX.

M. DE RAMIÈRE, TROIS DOMESTIQUES.

M. DE RAMIÈRE.

Personne! Il est peut-être sous quelque meuble. Prenez garde! allez-y avec précaution. S'il a un accès de rage, comme me l'a dit ma femme, il pourrait s'élancer sur un de nous et nous mordre avant que nous eussions le temps de le saisir. (*Ils cherchent avec précaution. Un des domestiques pousse un cri. Tous répètent le cri et se précipitent vers la porte.*)

LE DOMESTIQUE, *qui a poussé le premier cri.*

Par ici! par ici! La fenêtre grande ouverte, deux carreaux cassés! Il s'est échappé par ici, c'est sûr !

M. DE RAMIÈRE.

Vous avez raison ! Il faut que nous continuions nos recherches, S'il rencontrait un des enfants, il lui ferait une peur effroyable, et peut-être lui ferait-il beaucoup de mal.... Quel bruit! Qu'est-ce qu'il y a donc? (*Il écoute avec inquiétude.*)

SCÈNE X.

Les précédents, GERTRUDE, FRANCINE, GUDULE, HECTOR, ACHILLE.

(*Ils entrent avec précipitation et parlent tous ensemble; M. de Ramière et les domestiques paraissent de plus en plus effrayés; Hector et Achille éclatent de rire.*)

M. DE RAMIÈRE, *avec indignation.*

Vous riez, malheureux enfants! Vous ne savez donc pas l'horrible malheur arrivé au pauvre Léonce? (*Les enfants paraissent surpris et effrayés. Gudule se précipite vers M. de Ramière.*)

GUDULE.

Un malheur! A mon frère! Quoi donc, cher monsieur? Mon pauvre frère! (*Gudule fond en larmes.*)

M. DE RAMIÈRE.

Hélas! oui, ma pauvre enfant! Le malheureux Léonce a été pris d'un accès de rage; il en a eu un devant ma femme.

GUDULE, *fort étonnée.*

Un accès de rage! Léonce! Mais c'est impossible! Il n'y a pas un quart d'heure que nous l'avons quitté; il était calme et en très-bonne santé.

HECTOR.

Il aura voulu faire peur à Mme de Ramière.

M. DE RAMIÈRE.

Il ne se serait pas permis une pareille inconvenance;

d'ailleurs, ma femme a été témoin du commencement de l'accès. Il hurlait, il aboyait, il écumait. La voici, du reste, elle va nous expliquer comment l'accès a commencé.

SCÈNE XI.

LES PRÉCÉDENTS, MME DE RAMIÈRE.

(Elle entre avec précaution en regardant de tous côtés.)

MADAME DE RAMIÈRE.

Où est-il, le malheureux enfant? L'avez-vous fait porter chez lui?

M. DE RAMIÈRE.

Nous ne l'avons pas trouvé; mais voici les enfants qui semblent tout étonnés de l'accès de rage du pauvre Léonce. Je croyais qu'il avait eu son premier accès avec eux.

MADAME DE RAMIÈRE.

Certainement il me l'a dit, du moins. Il a même dit qu'ils l'avaient laissé seul, parce qu'ils avaient eu peur d'être mordus.

HECTOR.

Mais c'est un affreux mensonge de Léonce. N'en croyez pas un mot, ma bonne tante. Nous l'avons quitté pour composer une charade et venir la jouer devant lui; nous l'avions condamné à la deviner pour le punir d'un énorme mensonge qu'il venait de nous faire.

MADAME DE RAMIÈRE.

Je n'y comprends plus rien. Ce qui est certain, c'est qu'en reparlant de ce petit chien qui l'a mordu, il a eu un accès de rage devant moi, et que je me suis sauvée, fermant la porte à double tour. Mais il paraît qu'il a sauté par la fenêtre, puisque votre oncle l'a trouvée ouverte et avec les deux carreaux brisés.

GERTRUDE.

Je vous assure, maman, que lorsque nous l'avons quitté, il n'était pas plus enragé que je ne le suis maintenant.

GUDULE.

D'ailleurs, je ne lui ai jamais entendu dire qu'il eût été mordu par un petit chien.

MADAME DE RAMIÈRE.

Un petit chien à vous, Gudule!

GUDULE.

Je n'ai jamais eu de chien, madame; ni petit, ni grand.

M. DE RAMIÈRE.

Que veut dire tout cela, donc? Et par où peut s'être sauvé Léonce? Avant tout il faut le retrouver; car, s'il rencontre quelqu'un, il pourrait mordre, peut-être. (*Aux domestiques.*) Dites donc, vous autres, Nicolas, Jean et Damien, passez par la fenêtre; et vous le chercherez dans le jardin.

PREMIER DOMESTIQUE.

Monsieur croit?... C'est que monsieur ne pense peut-être pas....

M. DE RAMIÈRE.

Quoi donc? Que voulez-vous dire

PREMIER DOMESTIQUE.

Monsieur ne pense pas.... que la fenêtre....

M. DE RAMIÈRE.

Vous avez peur de vous casser le cou? d'une fenêtre

du rez-de-chaussée? Une fenêtre par laquelle a passé un garçon de quatorze ans?

PREMIER DOMESTIQUE.

C'est précisément parce qu'il y a passé, monsieur.

M. DE RAMIÈRE.

Eh bien! qu'est-ce que ça fait?

PREMIER DOMESTIQUE.

Mais, monsieur, s'il était caché quelque part à côté?

M. DE RAMIÈRE.

Imbécile! Poltron!

SCÈNE XII.

LES PRÉCÉDENTS, LÉONCE.

(*Au même instant la porte s'ouvre; Léonce paraît, échevelé et les habits en desordre. Un domestique pousse un cri, les autres le répètent après lui. Léonce avance. Ils se jettent dans un coin du salon et poussent des cris effroyables. Leonce parle, mais on ne l'entend pas : il court à eux; tous crient, se bousculent, se poussent; ils arrivent près de la fenêtre; Léonce les suit; le voyant près d'eux, Hector et Achille s'élancent par la fenêtre, M. et Mme de Ramière prennent le même chemin, puis les domestiques, puis Gertrude et Francine. Gudule seule reste immobile; Léonce s'arrête; elle va à lui, lui prend la main.*)

GUDULE, *d'un air de reproche.*

Léonce! quelle mauvaise et cruelle plaisanterie!

Que vas-tu faire? Que vas-tu devenir? M. de Ramière va faire prévenir papa. Tu juges de sa colère, quand il saura que tout cela est une nouvelle invention de toi!

LÉONCE, *confus.*

Je suis bien fâché, je t'assure! Je ne pensais pas qu'ils me croiraient, qu'ils auraient si peur! et je revenais pour expliquer que, dans la rue, un monsieur, un médecin m'avait guéri.

GUDULE.

Encore un gros mensonge! Et comment veux-tu qu'on te croie? Est-ce possible qu'un monsieur qui passe se trouve être un médecin, que ce médecin guérisse les gens enragés dans une minute, et qu'il ait tout juste sur lui son remède contre la rage? tout ça est impossible! Personne ne te croira.

LÉONCE.

Tu verras, tu verras. J'arrangerai si bien mon histoire qu'elle aura l'air très-vraie. Seulement, je voudrais bien qu'on ne prévînt ni papa ni maman. Tâche de l'empêcher, ma bonne Gudule. Cours après eux. Amène-les. Dis-leur que je revenais leur annoncer ma guérison. Va, Gudule, va vite. Je te promets, je te jure que je ne mentirai plus jamais.

GUDULE.

Je veux bien tâcher de te sauver cette fois encore, puisque tu me promets de ne plus mentir. Mais, je te prie, je te supplie, mon cher Léonce, tiens ta promesse. (*Elle sort.*)

SCÈNE XIII.

LÉONCE, *seul.*

Je suis inquiet,... très-inquiet. Sotte idée que j'ai eue là!... Pourvu qu'ils me croient!... Gudule a raison, ce n'est guère vraisemblable.... Je lui ai promis de ne

Léonce paraît, échevelé et les habits en désordre. (Page 319.)

plus mentir; et, précisément, il faut que je mente pour m'excuser, pour expliquer ma guérison. Je crois que je les entends. Mon cœur bat. Pourvu qu'on me croie... S'ils ne me croient pas, je suis perdu.

SCÈNE XIV.

LÉONCE, M. ET Mme DE RAMIÈRE, GUDULE, GERTRUDE FRANCINE, HECTOR ET ACHILLE.

(Ils entrent précipitamment et regardent Léonce avec curiosité.)

M. DE RAMIÈRE.

Comment, Léonce, c'est-il possible? Guéri? En quelques instants? Ça me semble louche, mon ami.

LÉONCE.

C'est pourtant vrai, monsieur, je vous le jure. J'étais, comme l'a vu Mme de Ramière, hors de moi, ne sachant ce que je disais ni ce que je faisais. Je ne sais pas comment je me suis trouvé dans la rue; j'ai un souvenir confus d'avoir grimpé sur un mur et d'avoir sauté de l'autre côté. Il paraît qu'un monsieur qui passait par là et qui était médecin, m'a vu tomber, m'a ramassé, m'a porté chez un pharmacien en face et m'a fait prendre une poudre qui m'a guéri en une minute. Je suis redevenu calme, tranquille; j'ai demandé où j'étais, on m'a tout raconté, comment on m'avait ramassé, comment ce médecin a reconnu que j'avais un accès de rage et comment il m'avait guéri. Je me sentais très-bien et je suis reparti bien vite pour venir vous rassurer ainsi que ma pauvre sœur, et aussi pour vous faire mes excuses de la peur que je vous ai faite, sans le vouloir, bien certainement, et du désordre que j'ai amené dans votre maison.

M. DE RAMIÈRE.

Et comment s'appelle ce médecin habile qui vous a donné ce merveilleux remède ?

LÉONCE.

Je ne sais pas, monsieur; je n'ai pas pensé à le demander dans les premiers moments de ma guérison.

M. DE RAMIÈRE.

On doit le savoir chez le pharmacien où vous avez été porté! Où se trouve-t-il? Dans quelle rue ?

LÉONCE.

Je ne sais pas, monsieur. En reprenant connaissance, j'ai voulu revenir, mais je ne pensais à rien; j'avais la tête comme vidée; j'ai marché longtemps; je ne retrouvais pas mon chemin, et je ne savais où j'étais.

HECTOR.

Comment donc as-tu fait pour revenir ?

LÉONCE.

J'ai demandé à un monsieur où était la rue du Cherche-Midi. Ce monsieur s'est mis à rire : « Mon pauvre garçon, a-t-il dit, c'est bien loin d'ici; mais je vois que tu es perdu; je vais te ramener. » Alors ce monsieur a pris un fiacre, il m'y a fait monter avec lui, et il m'a amené jusqu'à votre porte.

M. DE RAMIÈRE.

Et qui est ce monsieur?

LÉONCE.

Je ne sais pas, monsieur.

« Et comment veux-tu qu'on te croie ? » (Page 320.)

MADAME DE RAMIÈRE.

Comment ne lui avez-vous pas demandé son nom pour aller le remercier chez lui ?

LÉONCE.

Je l'ai demandé, madame ; il n'a pas voulu me le dire.

GERTRUDE.

Pourquoi cela C'est singulier !

LÉONCE.

Parce qu'il ne voulait pas qu'on sût qu'il était à Paris.

FRANCINE.

Pourquoi donc ?

LÉONCE.

Parce qu'il avait peur d'être arrêté par la police qui le cherchait.

M. DE RAMIÈRE.

Tout cela est très-singulier. Je crains, mon pauvre garçon, que vous n'ayez inventé un tissu de faussetés.

LÉONCE.

Oh ! non, monsieur ; c'est la pure vérité !

MADAME DE RAMIÈRE.

Vérité ou non, vous feriez bien d'aller raconter le tout à votre père et à votre mère, qui feront des démarches pour savoir le nom du médecin admirable qui vous a guéri.

LÉONCE.

Certainement, monsieur ; c'est ce que je ferai en rentrant.

M. DE RAMIÈRE.

Bien ! alors je n'ai pas besoin d'y aller moi-même.

LÉONCE.

Oh! non, monsieur! Ne prenez pas cette peine; c'est inutile.

M. DE RAMIÈRE.

Très-bien! Au revoir, mes enfants. (*Bas à sa femme.*) Je vais de suite chez ses parents leur raconter cette aventure extraordinaire.

MADAME DE RAMIÈRE, *bas*.

J'y vais avec vous, mon cher ami; tout ce que dit ce Léonce me fait l'effet d'être une invention d'un bout à l'autre. (*Ils sortent.*)

SCÈNE XV.

GERTRUDE, FRANCINE, GUDULE, HECTOR, ACHILLE, LÉONCE.

(*Ils restent tous quelque temps sans parler. Léonce a l'air embarrassé.*)

HECTOR.

Léonce, tu es un affreux menteur !

LÉONCE.

Mais je t'assure... que c'est vrai...

HECTOR.

Vrai que tu es un menteur. Je le sais.

LÉONCE.

Mais non! Ce que j'ai dit... ce que j'ai raconté....

ACHILLE.

Tais-toi! Avec nous, du moins, ne mens pas.

GERTRUDE.

Nous allons bientôt savoir si tu as dit vrai, car

papa et maman sont allés chez tes parents. Je les ai entendus le dire tout bas.

LÉONCE.

Chez papa! Chez maman! Mon Dieu, mon Dieu, je suis perdu! Papa ne va pas me croire; il me battra! il m'enfermera au pain et à l'eau! Je serai malheureux, misérable, pendant un mois au moins.

GUDULE.

Oh! Léonce! Léonce! pourquoi as-tu inventé cette sotte histoire? Pourquoi as-tu fait mensonge sur mensonge!

LÉONCE.

Je ne sais ce qui m'a pris, ce qui m'a passé par la tête de faire l'enragé devant Mme de Ramière. Quand elle a été partie, j'ai compris la grosse sottise que j'avais faite.

GUDULE.

Mais pourquoi l'as-tu aggravée en mentant encore, en inventant cette histoire impossible du médecin?

LÉONCE.

Parce que c'était le seul moyen d'expliquer ma scène avec Mme de Ramière, ma fuite par la fenêtre en brisant les carreaux; et puis ma guérison, car je ne pouvais pas continuer à faire l'enragé; c'était trop fatigant, trop difficile, et puis on aurait fait venir des médecins qui m'auraient saigné, fait coucher, attaché dans mon lit, et je ne sais quoi encore.

GUDULE.

Mon Dieu, mon Dieu! dans quelle position tu t'es mis!... (*Elle pleure; Gertrude et Francine cherchent à la consoler.*)

HECTOR.

Tu vois, malheureux, le chagrin que tu causes à ta pauvre sœur!

LÉONCE, *désolé*.

Pardonne-moi Gudule; pardonnez-moi tous! Sauvez-moi, mes amis, sauvez-moi de la colère de papa et de maman!

GERTRUDE.

Mais comment te sauver? Comment les empêcher de te voir, de te questionner et de témoigner leur mécontentement?

LÉONCE.

Empêchez M. et Mme de Ramière d'aller leur raconter ce qui s'est passé; arrêtez-les.

GERTRUDE.

Je vais voir s'il en est temps encore, s'ils ne sont pas déjà partis. Et si je les trouve, que leur dirai-je?

LÉONCE.

Que je suis un malheureux, un menteur, que je me repens, que je ne recommencerai pas. Va, cours vite, ma bonne Gertrude. Ne perds pas une minute. (*Gertrude sort en courant. Les enfants sont tous consternés; Gudule pleure. Léonce se promène avec agitation. Tout à coup il s'arrête, il écoute et s'écrie avec terreur:*) Les voilà! les voilà! J'entends la voix de papa! Ils arrivent. Où fuir? Où me cacher? (*Il court de côté et d'autre; aperçoit la fenêtre restée ouverte et se précipite dehors. Gudule pousse un cri et s'élance après lui; les autres restent effrayés et immobiles.*)

SCÈNE XVI.

M. et Mme DE PONTISSE, FRANCINE, HECTOR et ACHILLE.

MADAME DE PONTISSE.

Boujour, mes enfants. Léonce et Gudule ne sont pas ici? Nous les croyions chez vous?

FRANCINE.

Oui, madame; c'est-à-dire non, madame. Ils y étaient... Ils n'y sont plus.

M. DE PONTISSE.

Est-ce qu'ils sont rentrés chez nous? Par où donc sont-ils passés? Nous ne les avons pas rencontrés.

FRANCINE.

Je ne crois pas, monsieur. Je crois,... c'est-à-dire,... je ne crois pas....

MADAME DE PONTISSE, *souriant*.

Qu'avez-vous donc, mes enfants? vous avez l'air terrifiés. Est-ce que nous vous faisons peur?

FRANCINE.

Oh! non, madame! C'est que Gertrude....

MADAME DE PONTISSE.

Quoi donc? Qu'est-il arrivé à la bonne petite Gertrude? Au fait, elle n'est pas ici. Où est-elle?

HECTOR, *voyant l'embarras de Francine*.

Gertrude va revenir, madame; Francine est un peu embarrassée parce que nous devions répéter une charade, et comme c'est un secret.

MADAME DE PONTISSE.

Oh! mais je suis dans le secret, moi. Il n'y a que mon mari qui n'y était pas; mais il sera discret; je réponds de lui. Où sont vos parents?

FRANCINE, *avec hésitation*.

Je ne sais pas, madame; Gertrude est allée voir. Mais la voici.

SCÈNE XVII.

LES PRÉCÉDENTS, M. ET MME DE RAMIÈRE, GERTRUDE.

MADAME DE PONTISSE.

Bonjour chère amie; nous venons vous faire une petite visite; je ne vous ai pas vue depuis deux jours.

MADAME DE RAMIÈRE.

Nous allions partir pour aller chez vous, quand Gertrude nous a arrêtés pour nous raconter quelque chose qui l'intéressait. (*Les parents s'asseient et causent: les enfants parlent bas dans un coin du salon. On entend des cris perçants et répétés du côté de la cour; Hector et Achille sortent précipitamment.*)

M. DE PONTISSE, *se levant*.

Qu'est-ce donc? Un accident? Les cris redoublent.

M. DE RAMIÈRE, *s'efforçant de paraître calme et souriant*.

C'est probablement dans la rue. Je vais aller voir et je vous ferai mon rapport. (*Il sort.*)

SCÈNE XVIII.

M. ET Mme DE PONTISSE, Mme DE RAMIÈRE, GERTRUDE, FRANCINE.

(*Gertrude et Francine écoutent avec anxiété; Mme de Pontisse les examine, se lève et regarde par la fenêtre.*)

MADAME DE PONTISSE.

Je ne vois rien. Il y a quelque chose, pourtant; les enfants ont l'air effrayé, agité, contraint. (*Elle observe Mme de Ramière avec attention.*) Et vous-même, chère amie, vous avez l'air préoccupé, embarrassé. (*Elle regarde de tous côtés, aperçoit le chapeau de Gudule et celui de Léonce; elle pâlit et dit d'une voix tremblante:*) On me cache quelque chose; mes enfants sont ici.

MADAME DE RAMIÈRE.

Vous voyez bien que non, chère amie.

MADAME DE PONTISSE.

Ils y sont. Voici leurs chapeaux.

MADAME DE RAMIÈRE, *pousse un cri étouffé*.

Ah! comment se fait-il? Qu'y a-t-il donc? Francine, où sont Gudule et Léonce?

FRANCINE.

Je ne sais pas, maman; ils sont partis.

MADAME DE RAMIÈRE.

Pour retourner chez eux?

FRANCINE.

Je crois que oui, maman; ils ne l'ont pas dit.

M. DE PONTISSE.

Rien de plus facile que de nous en assurer ; je vais retourner à la maison, et je reviendrai vous dire s'ils y sont.

SCÈNE XIX.

LES PRÉCÉDENTS, HECTOR, ACHILLE, M. DE RAMIÈRE.

(*Il sort ; à peine a-t-il passé le seuil de la porte encore ouverte qu'il pousse un cri perçant : « Gudule! Gudule! ma fille! mon enfant! » Mme de Pontisse se précipite à la porte, au moment où M. de Ramière, ruisselant d'eau, entre, tenant dans ses bras Gudule, pâle, les yeux fermés, sans connaissance et ruisselante comme M. de Ramière. Léonce suit en se tordant les mains, et soutenu par Hector et Achille.*)

M. DE RAMIÈRE.

Vite, un médecin, du linge sec, un lit chaud. Elle vit; elle respire ; nous la ferons revenir. (*Il pose Gudule sur un tapis ; la chambre se remplit de monde; Mme de Pontisse, à moitié évanouie, à genoux, regarde sa fille sans proférer une parole; Léonce sanglote et s'écrie :*)

C'est moi! c'est pour moi! Je suis cause de tout!... C'est moi qui la tue!... Gudule! bonne, excellente sœur! Pardonne-moi!... Je suis ton assassin!... Maman! papa! tuez-moi! je le mérite! Vengez Gudule! (*M. de Pontisse saisit Léonce par le bras, le secoue fortement.*)

M. DE PONTISSE, *d'une voix étranglée par l'émotion.*

Toi, assassin!... Tu mens! C'est impossible!... Dis-moi que tu mens! Ta sœur! Je te dis que c'est impossible! Tu mens! (*Léonce veut parler; Hector l'en empêche, il lui met la main sur la bouche.*)

« Vite, un médecin ! » (Page 334.)

HECTOR.

Oui, cher monsieur, il s'accuse à tort. Il allait tomber dans le puits, Gudule a voulu le secourir; elle s'est élancée dans un des seaux qu'on descend dans le puits. Léonce se tenait péniblement accroché à une pièce de bois. Quand Gudule l'a mis en sûreté et qu'elle a voulu enjamber le bord du puits pour en sortir, la corde s'est décrochée et Gudule est tombée au fond. Léonce a crié au secours; personne n'est venu.... On croyait qu'il criait pour attraper les domestiques, comme il a fait si souvent. Mais quand nous sommes accourus et que nous avons aussi crié, mon oncle est arrivé; il a regardé dans le puits et en se laissant glisser le long de la corde il y est descendu, il a pu saisir les cheveux de Gudule qui surnageaient, et il l'a tenue avec un de ses bras pendant qu'avec l'autre il se maintenait à la corde; nos cris avaient attiré les domestiques; ils nous ont aidés, Achille et moi, à remonter promptement la corde que nous seuls ne pouvions tourner assez vite. C'est ainsi que mon oncle et Gudule ont été sauvés. Mais vous voyez, monsieur, que Léonce s'accuse à tort.

M. DE PONTISSE.

Que le bon Dieu te bénisse de ton récit, mon enfant! Mon fils assassin de ma fille, c'était trop affreux!

MADAME DE RAMIÈRE.

Elle ouvre les yeux! Elle est sauvée! Il faut l'emporter dans la chambre de mes filles; nous la déshabillerons, nous la sécherons avec du linge chaud, et nous la coucherons dans un lit bien bassiné; dans peu de temps elle sera tout à fait remise, et nous vous la ramènerons avec ses amies. (*Mme de Ramière et Mme de Pontisse emportent Gudule; Gertrude et Francine les suivent*).

SCÈNE XX.

M. DE RAMIÈRE, M. DE PONTISSE, HECTOR, ACHILLE, LÉONCE.

(*M. de Pontisse se jette dans les bras de M. de Ramière.*)

M. DE PONTISSE.

Mon ami, mon bienfaiteur ! Sans votre courage, je n'aurais plus de fille ! Ma bonne, ma chère Gudule serait près du bon Dieu ! Comment vous témoigner ma reconnaissance, mon cher, mon excellent ami ?

M. DE RAMIÈRE, *souriant*.

En me continuant votre amitié, mon ami, et en me rendant le même service, si l'occasion s'en présente. Pour le moment, je vous demande de me laisser aller changer de vêtements, car les miens sont trempés comme s'ils avaient été au fond d'un puits. (*Il sort en riant*).

SCÈNE XXI.

M. DE PONTISSE, LÉONCE, ACHILLE, HECTOR.

M. DE PONTISSE.

Léonce, explique-moi pourquoi tu as passé par-dessus le bord de ce puits, et qu'est-ce qui a pu t'engager à faire une pareille imprudence.

LÉONCE, *très-ému.*

Papa, c'est que j'avais entendu votre voix et celle de maman, et je redoutais votre colère.

M. DE PONTISSE, *surpris.*

Ma colère! Pourquoi me supposais-tu en colère?

LÉONCE.

Parce que je savais que M. et Mme de Ramière vous avaient informés des mensonges que je leur avais faits, du chien enragé, de l'accès de rage, du médecin.

M. DE PONTISSE, *de même.*

Je ne comprends pas un mot de ce que tu dis! Quel chien? Quel médecin?

LÉONCE.

Comment, vous ne saviez pas? Je croyais que vous veniez pour me gronder, me battre, m'enfermer.

M. DE PONTISSE.

Mais tu es fou, mon ami! A propos de quoi t'aurais-je battu et enfermé?

LÉONCE.

Oh! papa, c'est que j'ai commis une grande faute! J'ai menti effrontément; j'ai fait semblant d'être enragé devant Mme de Ramière; j'ai sauté par la fenêtre pour me sauver; j'ai dit qu'un médecin qui passait m'avait guéri; enfin, j'ai fait tant de mensonges, que M. et Mme de Ramière les ont devinés, je pense, et qu'ils ont été vous en parler. Et c'est alors qu'entendant votre voix, j'ai cru que vous veniez me chercher pour me punir; je me suis précipité par la fenêtre; j'ai couru comme un fou; j'ai sauté dans le seau du puits, ne sachant ce que je faisais, et la pauvre Gudule, voyant mon danger, s'est jetée après moi pour me sauver.

M. DE PONTISSE.

Malheureux!

LÉONCE.

Oh! papa, pardonnez-moi! Si vous saviez de quelle terreur, de quels remords j'ai été saisi quand j'ai vu Gudule précipitée au fond de ce malheureux puits! Comme j'ai crié, comme j'ai demandé grâce au bon Dieu!

M. DE PONTISSE.

Vous voyez, monsieur, ce que produisent vos mensonges! Ne croyez pas que je les ignore tous. J'en connais assez pour avoir pris la ferme résolution de vous en punir et de vous séparer de votre sœur, qui rougit de vous, qui souffre pour vous. Dans deux ou trois jours vous entrerez en pension, où on vous corrigera de cette funeste et honteuse habitude de mentir à tout propos.

LÉONCE, *se jetant à genoux.*

Grâce, papa, grâce! Je ne mentirai plus, je vous le promets, je vous le jure. Jamais, jamais! Croyez-moi cette fois seulement.

M. DE PONTISSE.

Et comment croirai-je un menteur qui se fait un plaisir de tromper tout le monde et que rien n'a pu corriger, ni remontrance, ni douceur, ni sévérité, ni honte! et qui, enfin, eût été cause de la mort de sa sœur, si le courage intrépide d'un ami ne l'eût sauvée.. (*Léonce, toujours à genoux, se traîne les mains jointes aux pieds de son père qui le repousse et veut sortir. Hector se jette au-devant de lui.*)

HECTOR.

Monsieur, cher monsieur, pardonnez-lui, faites-lui grâce! Essayez, voyez s'il est corrigé. Son repentir paraît si sincère! Gudule en sera si heureuse!

M. DE PONTISSE, *après quelque hésitation.*

Eh bien !... je cède à vos prières ; pour Gudule plus que pour lui je pardonne le passé ! Mais, au premier mensonge, à la première tentative de mensonge, Léonce, je t'envoie dans une pension, au loin, et sans grâce cette fois. (*Léonce saisit la main de son père, la baise à plusieurs reprises en la mouillant de ses larmes. Son père attendri l'embrasse*). Je te pardonne, mon ami. Ne pensons plus au passé, et commence une vie nouvelle de vérité et de franchise. Merci, Hector ; vous avez invoqué à propos le nom de Gudule. Je vais savoir de ses nouvelles, et lui faire part de la conversion de Léonce. (*Il sort.*)

SCÈNE XXII.

LÉONCE, HECTOR ET ACHILLE.

LÉONCE.

Hector, mon ami, je suis reconnaissant ; je te remercie. Je n'oublierai jamais le service que tu m'as rendu.

HECTOR.

Quand tu y penseras, Léonce, que ce soit pour t'affermir dans ta bonne résolution et pour avoir horreur du mensonge.

LÉONCE.

Je te le promets ; je te le jure à toi et à ton frère. (*Ils s'embrassent tous les trois et sortent pour avoir des nouvelles de Gudule*).

ACTE II.

La scène se passe dans l'appartement de M. de Pontisse.

SCÈNE I.

LÉONCE, seul.

(*Léonce est seul dans une salle d'études; il est assis près d'une table avec un livre devant lui. Après quelques instants il ferme le livre avec impatience*).

LÉONCE.

Je ne peux pas lire !... J'ai beau m'appliquer, me forcer, je ne comprends pas ce que je lis ; je pense toujours à la pauvre Gudule, à mon effroi quand j'ai vu cette malheureuse corde se dérouler et Gudule descendre et s'enfoncer au fond du puits.... Pauvre Gudule ! quel cri elle a poussé !... Je crois l'entendre encore : « Léonce ! au secours ! c'est pour toi que je meurs ! » Et quand ce bon M. de Ramière l'a retirée du puits et que je l'ai crue morte !... Mon Dieu, mon Dieu ! quels remords ! quelle terreur ! Et comme elle a été malade ! Pendant trois semaines ! A présent encore elle peut à peine se lever et se tenir assise une heure par jour.... Comme elle est pâle et maigre ! Et c'est moi, misérable, moi, avec mes affreux mensonges, qui suis cause de tout ce mal. (*Léonce cache son visage dans ses mains et pleure*).

SCÈNE II.

LÉONCE, HECTOR, ACHILLE.

HECTOR, *bas à Achille.*

Que fait-il donc ? Je crois qu'il dort.

ACHILLE, *souriant.*

Il se sera endormi sur son livre, car en voilà un devant lui.

HECTOR.

Attends, je vais le réveiller. (*Il approche doucement de Léonce et lui fait un* HOU HOU *formidable dans l'oreille. Léonce saute de dessus sa chaise, lève sur Hector ses yeux baignés de larmes.*)

LÉONCE, *tristement.*

Pourquoi cette plaisanterie, Hector ? Le temps du rire est passé pour moi.

HECTOR.

Quoi donc, mon pauvre ami ? Qu'est-il arrivé ? Gudule est-elle plus mal ? Je te demande bien pardon ; je croyais que tu dormais ; ce livre devant toi m'a fait croire qu'on t'avait donné une leçon à apprendre, et que....

LÉONCE.

Et que, selon ma vieille habitude, je m'étais endormi au lieu d'apprendre. Non; ce livre est, dit on, fort amusant; papa a eu pitié de ma tristesse et me l'a donné pour me distraire.

ACHILLE.

Eh bien?

LÉONCE.

Eh bien! mes amis, je ne sais pas ce que je lis; je ne comprends rien; je vois toujours Gudule se noyant au fond de ce puits et j'entends sans cesse ce cri terrible : « Léonce! au secours! c'est pour toi que je meurs! » (*Il pleure.*) Oh! mes chers, mes bons amis! Quel terrible souvenir! Voir ma sœur, cette bonne Gudule, périr pour avoir voulu me sauver! Savoir que c'est par suite de mes mensonges qu'elle a couru ce danger! Et puis cet excellent M. de Ramière qui a, lui aussi, manqué mourir pour la retirer de ce puits!

HECTOR.

Tu as raison, mais pense à la bonté de Dieu, qui t'a préservé du malheur que tu redoutais! Gudule est sauvée!

LÉONCE.

Mais elle a été si malade! Elle a tant souffert!

HECTOR.

C'est vrai! Mais je te répète qu'elle est sauvée; elle commence à se lever, à manger.

LÉONCE.

Elle est si pâle et si maigre!

HECTOR.

Je le crois bien! Deux saignées, quatre vésicatoires, trois semaines sans manger, sans quitter son lit! Il y a de quoi devenir pâle comme un linge et maigre comme un squelette.

Il s'approche doucement de Léonce et lui fait *hou hou*,
(Page 343.)

LÉONCE.

Et c'est précisément ce qui augmente mon chagrin, mes remords, d'avoir été cause de tout ce qu'elle a souffert.

ACHILLE.

Écoute, Léonce. Ce qui est fait, est fait; tu ne peux pas l'empêcher. Tu aurais beau pleurer, gémir, crier, tu ne pourrais pas refaire le passé; tu t'en es repenti, tu as pleuré, tu as souffert et tu es pardonné! Personne n'y pense plus; Gudule ne t'en aime pas moins, tu en aimes Gudule davantage; tu parais être corrigé de tes mensonges gros comme des maisons; ainsi tout est pour le mieux. Pense à l'avenir et oublie le passé!

LÉONCE.

Je tâcherai, mais je crains de ne pas pouvoir; tout me le rappelle.

ACHILLE.

Voyons, Léonce! courage! Ne te laisse pas aller! Nous allons savoir des nouvelles de Gudule et nous revenons tout de suite. (*Ils sortent.*)

SCÈNE III.

LÉONCE, *seul.*

Achille a un peu raison. Je vais tâcher de me distraire. Voyons encore ce beau jeu d'échecs en ivoire sculpté et le bel encrier en bronze que papa veut donner à Gertrude et à Francine. (*Il ouvre un meuble, en retire la boîte d'échecs et l'écritoire en bronze.*

Comme c'est beau! Comme ces pièces d'ivoire sont bien faites! Ce roi sur son trône, et cette reine avec son petit prince royal près d'elle, sont charmants, charmants! (*Il examine les pièces, les remet dans la boîte qu'il laisse ouverte; il prend l'écritoire, la regarde, prend les plumes, la cire, les crayons, le canif, le couteau à papier, le sablier, l'encrier.*) Que c'est joli!... Quels charmants cadeaux!... Elles seront bien contentes, j'en suis sûr.) *Au moment de replacer l'encrier il le laisse tomber dans la boîte d'échecs; le couvercle se détache, l'encre se répand dans la boîte et tache plusieurs pièces. Léonce étouffe un cri de frayeur, saisit l'encrier, enlève les pièces et les essuie de son mieux, avec son mouchoir; il nettoie le fond de la boîte ainsi que l'encrier, et remet le tout en place; il veut les renfermer dans le meuble, mais il entend venir quelqu'un et se sauve en disant :*) Je vais vite changer de mouchoir et me laver les mains pour qu'on ne voie pas ce que j'ai fait et j'irai ensuite rejoindre Hector et Achille. (*Il sort en courant.*)

SCÈNE IV.

GERTRUDE, FRANCINE.

GERTRUDE.

Hé bien! Personne ici? Gudule nous a dit que nous trouverions Léonce dans la salle d'étude.

FRANCINE.

Il va venir sans doute. Ce pauvre Léonce me fait

Léonce étouffe un cri de frayeur. (Page 348).

pitié depuis l'accident de Gudule ; il est toujours si triste !

GERTRUDE.

Et toujours les yeux rouges comme s'il avait pleuré.

FRANCINE.

Et tu as remarqué qu'il ne ment plus?

GERTRUDE.

Oui; je crois réellement qu'il est corrigé. Ce serait bien heureux!

FRANCINE.

C'est qu'on ne pouvait croire un mot de ce qu'il disait!

GERTRUDE.

Ce n'est pas encore bien sûr qu'il soit corrigé! Il n'a pas eu d'occasion de mentir depuis la maladie de la pauvre Gudule; s'il fallait avouer quelque sottise et se faire gronder, je crains bien qu'il ne mente comme jadis, en inventant quelque histoire absurde et impossible.

FRANCINE.

Ah! la jolie boîte! La belle écritoire! Regarde donc, Gertrude!... C'est magnifique! (*Gertrude approche et regarde avec Francine; elles ouvrent la boîte.*)

GERTRUDE.

Comme c'est joli! Comme c'est beau!

FRANCINE.

Ah! vois donc! Des pièces tachées d'encre!

GERTRUDE.

Quel dommage! Tout le jeu est abîmé, perdu.

FRANCINE.

Si on frottait un peu fort, on pourrait peut-être

enlever les taches, du moins en partie; c'est encore tout humide.

GERTRUDE.

Je ne crois pas; mais on peut toujours essayer. Donne-moi ce cavalier que tu tiens; la croupe et le cou du cheval sont tout sales. Je vais frotter avec mon mouchoir.

FRANCINE.

Et moi, je vais tâcher de nettoyer l'éléphant qui a sa tour pleine d'éclaboussures. (*Elles frottent les pièces, et, après quelques instants, elles entendent du bruit; elles remettent précipitamment les pièces dans la boîte qu'elles referment au moment où M. et Mme de Ramière entrent au salon.*)

SCÈNE V.

GERTRUDE, FRANCINE, M. ET Mme DE RAMIÈRE.

MADAME DE RAMIÈRE.

Vous êtes seules ici, mes enfants? Où sont donc vos cousins et Léonce?

GERTRUDE, *embarrassée.*

Je ne sais pas, maman; nous les attendons ici.

M. DE RAMIÈRE, *l'examinant.*

Pourquoi n'avez-vous pas été chez Gudule?

FRANCINE.

Nous y avons été, papa; mais elle était fatiguée et nous sommes venues ici; Gudule nous avait dit que nous y trouverions Léonce avec mes cousins; je

Elles entendent un bruit. (Page 352.)

pense qu'ils sont dans la chambre de Léonce et qu'ils vont venir.

SCÈNE VI.

Les précédents, M. et Mme DE PONTISSE.

MADAME DE PONTISSE.

Bonjour, chère bonne amie ; bonjour, cher monsieur ; chaque jour je sens plus vivement l'affection et la reconnaissance que je vous dois ; Gudule partage ces sentiments, et s'attache de plus en plus à vos excellentes filles.

M. DE PONTISSE.

Me permettrez-vous, chère madame, d'offrir à ces chères petites un souvenir de la part de Gudule ? (*Il ouvre le meuble où étaient la boîte d'échecs et l'écritoire et paraît fort surpris de ne pas les y trouver.*)

C'est singulier ! j'avais mis hier dans ce meuble une boîte et une écritoire pour Gertude et Francine.

MADAME DE PONTISSE.

N'est-ce pas ce qui est là sur la table ?

M. DE PONTISSE.

Oui, justement ; comment se trouvent-ils sur la table ? Je les avais enfermés pour qu'on n'y touchât pas. (*M. de Pontisse prend la boîte et l'écritoire, il les donne à Gertrude et à Francine, qui ont l'air fort embarrassé ; M. de Pontisse les regarde avec surprise.*)

M. DE PONTISSE.

Prenez, chers enfants, prenez ; votre papa et votre

maman vous permettront, je n'en doute pas, d'accepter ce petit présent offert avec une vive et sincère affection.

M. DE RAMIÈRE.

Certainement, mon ami ; mes filles peuvent tout accepter de votre bonne amitié. Quel charmant cadeau ! C'est, en vérité, trop riche et trop beau pour des petites filles. (*Il prend la boîte et l'examine.*) Charmant, charmant ! Quel travail ! Quelle perfection de sculpture !... (*Il l'ouvre.*) Ah ! mon Dieu ! quel dommage !

M. DE PONTISSE.

Qu'est-ce donc !

MADAME DE RAMIÈRE.

Des pièces tachées ?

M. DE PONTISSE.

Tachées ! Comment ? par qui ? (*Il s'approche vivement et prend les pièces.*) C'est abominable ! Qui est-ce qui m'a joué ce méchant tour ? Si je le savais, je le tancerais vertement ! Sans doute quelque domestique curieux et maladroit ! Donnez, ma pauvre Gertrude, ce jeu n'est plus digne de vous être offert. (*Gertrude lui remet la boîte et paraît très-embarrassée.*) Qu'avez-vous donc, Gertrude ? Votre main tremble ! Vous êtes pâle ! Ne vous inquiétez pas de l'accident arrivé à votre jeu d'échecs. Je le remplacerai.

GERTRUDE.

Oh ! monsieur, vous êtes trop bon ! Je vous remercie beaucoup. Ce jeu est charmant tel qu'il est.

M. DE RAMIÈRE, *avec sévérité.*

Comment le sais tu ? Tu ne l'as pas vu ? (*Gertrude rougit, baisse la tête et ne répond pas.*)

MADAME DE RAMIÈRE, *mécontente*.

Mais qu'avez-vous donc toutes les deux, et toi surtout, Gertrude ? Je ne t'ai jamais vue aussi embarrassée, aussi gauche? M. de Pontisse te fait un cadeau charmant, et c'est à peine si tu le remercies, si tu as l'air content. Francine est encore pis ; elle ne dit rien, pas même un simple merci.

FRANCINE, *embarrassée*.

Maman, c'est que je ne sais que dire.

MADAME DE RAMIÈRE.

Comment, tu ne sais que dire, quand il est question de remercier un ami de ton père pour un aimable et amical souvenir ?

GERTRUDE.

Maman, c'est que,... c'est que....

MADAME DE RAMIÈRE.

Quoi? Achève donc!

GERTRUDE.

C'est que.... l'encre,... les pièces tachées.... J'avais peur,... nous pensions,... c'est-à-dire, je craignais.... (*Gertrude rougit et s'embarrasse de plus en plus; elle voit la surprise générale, craint qu'on ne l'accuse ainsi que Francine d'avoir répandu l'encre sur les pièces d'échecs, et ne sachant comment se disculper, elle fond en larmes et s'essuie les yeux avec son mouchoir qui se trouve plein d'encre.*)

MADAME DE RAMIÈRE, *sévèrement*.

Gertrude, je devine la cause de ton embarras et de tes larmes. C'est vous deux qui avez agi en curieuses, en filles mal élevées et en maladroites. Ton mouchoir taché d'encre en est la preuve ; vous avez tiré ces deux charmants objets du meuble dans lequel M. de Pontisse les avait enfermés ; vous avez voulu tout voir en détail, et vous avez répandu dans la cassette l'encre de l'encrier.

GERTRUDE, *sanglotant.*

Papa,... je ... vous.... assure....

M. DE RAMIÈRE.

Que vous ne l'avez pas fait exprès? Je le sais ; il ne manquerait plus que cela! de la méchanceté pour compléter votre mauvaise action. Je suis fort mécontent, et je prie M. de Pontisse de vous retirer les cadeaux qu'il voulait vous faire.

FRANCINE, *sanglotant.*

Papa,... ce n'est.... pas.... Gertrude,... c'est....

M. DE RAMIÈRE.

C'est toi? c'est-à-dire c'est vous deux? Tu fais bien de disculper ta sœur ; mais vous n'en êtes pas moins deux petites sottes, curieuses, indiscrètes et maladroites.

M. DE PONTISSE.

Ne soyez pas si sévère avec ces pauvres enfants, mon cher ami ; un petit mouvement de curiosité et une légère maladresse ne sont pas des fautes irréparables, Dieu merci, et la preuve, c'est que d'ici à demain tout sera réparé.

M. DE RAMIÈRE.

Non, mon cher, je vous prie instamment de ne rien réparer et de retirer vos présents ; elles méritent d'être punies, et elles le seront. (*Gertrude et Francine pleurent amèrement; Mme de Ramière est agitée ; elle parle bas à son mari, qui a l'air impatienté.*)

« C'est moi, c'est moi qui les ai retirés pour les voir. » (Page 361.)

SCÈNE VII.

LES PRÉCÉDENTS, GUDULE, LÉONCE, HECTOR, ACHILLE.

(*Gudule paraît, appuyée sur le bras de Léonce et soutenue de l'autre côté par Hector et Achille; elle est très-pâle, marche difficilement et demande un fauteuil; Achille lui en approche un*).

M. ET MADAME DE PONTISSE.

Gudule ! toi, chère enfant ? Quelle surprise charmante !

GUDULE.

Léonce et ses amis m'ont amenée jusqu'ici pour vous voir tous réunis. Gertrude, Francine, me voici près de vous.... (*Gertrude se jette à son cou en sanglotant; Francine pleure.*)

GUDULE, *très-effrayée.*

Qu'y a-t-il, mon Dieu ? Mes amies, mes chères amies, qu'avez-vous ? (*Gertrude et Francine veulent répondre; leurs larmes les empêchent de parler.*)

M. DE RAMIÈRE.

Il y a, ma chère Gudule, quelque chose qui ne fait pas honneur à vos amies; par une indiscrétion et un mouvement de curiosité impardonnables à leur âge, elles ont ouvert ce meuble (*il le désigne de la main*), elles en ont retiré des objets que....

LÉONCE, *vivement.*

C'est moi, c'est moi qui les ai retirés pour les voir, pour me distraire; ce n'est ni Gertrude ni Francine.

M. DE RAMIÈRE.

Ah ! cela diminue leur faute d'autant; mais ces demoiselles, en ouvrant et en examinant ce qu'elles ne devaient pas toucher, ont répandu de l'encre dans la jolie boîte d'ivoire sculpté et ont taché....

LÉONCE, *de même*.

C'est moi, c'est encore moi, cher monsieur; c'est moi qui suis seul coupable. J'allais tout juste l'avouer à papa quand je suis venu ici; et Gudule, à laquelle j'avais tout raconté, a voulu m'accompagner pour obtenir mon pardon. (*Tout le monde paraît étonné. Gertrude et Francine sèchent leurs larmes et embrassent Léonce en s'écriant:*)

Merci, merci, mon bon Léonce; papa nous avait accusées, d'après nos mines embarrassées, parce que nous avions regardé le jeu d'échecs et que nous avions peur qu'on ne nous soupçonnât de l'avoir taché. Les larmes nous ont suffoquées et nous ont empêchées de nous justifier; plus nous pleurions, et plus papa nous croyait coupables.

M. DE RAMIÈRE.

Mes pauvres filles, je suis désolé de vous avoir accusées à tort; mais comment se fait-il, Gertrude, que ton mouchoir soit taché d'encre?

GERTRUDE.

Parce que, voyant ces jolies pièces fraîchement tachées et encore humides d'encre, nous avons voulu les essuyer, espérant faire partir l'encre entièrement, mais nous n'avons réussi qu'à noircir nos mouchoirs.

GUDULE.

Léonce, mon ami, ce que tu viens de faire rachète tous tes anciens mensonges, et me donne une joie, un bonheur qui compensent bien ce que j'ai souffert dans ma longue maladie.

« Ce que tu viens de faire rachète tous les anciens mensonges. »
(Page 362.)

LÉONCE, *la serrant dans ses bras.*

Sois sûre, ma bien chère Gudule, qu'à l'avenir aucun mensonge ne viendra jamais souiller mes lèvres, Non, jamais, lors même qu'un aveu ou une déclaration sincère devraient me causer les plus grandes peines.

MADAME DE PONTISSE.

Viens dans mes bras, mon enfant ; nous te croirons désormais comme nous croyons Gudule, qui n'a jamais altéré la vérité. (*Tout le monde félicite et embrasse Léonce, qui paraît ému et heureux.*)

M. DE PONTISSE.

Il ne me reste plus qu'à réparer la maladresse de mon bon Léonce, et de présenter demain à mes pauvres petites calomniées un échiquier sans tache qui leur rappellera que, depuis sa conversion, Léonce mérite toute leur confiance. »

TABLE.

Les Caprices de Gizelle, comédie...................... 3
Le Diner de mademoiselle Justine, comédie.. 79
On ne prend pas les mouches avec du Vinaigre, proverbe 153
Le Forçat, ou a tout péché miséricorde, proverbe..... 225
Le Petit de Crac, comédie.. 291

FIN DE LA TABLE

Imprimerie A. Lahure, rue de Fleurus, 9, à Paris.

LIBRAIRIE HACHETTE & Cie
BOULEVARD SAINT-GERMAIN, 79, A PARIS

LE
JOURNAL DE LA JEUNESSE

NOUVEAU RECUEIL HEBDOMADAIRE

TRÈS RICHEMENT ILLUSTRÉ

Les douze premières années (1873-1884),
formant vingt-quatre beaux volumes grand in-8° et contenant
plus de 7000 gravures, sont en vente

Ce nouveau recueil hebdomadaire est une des lectures les plus attrayantes que l'on puisse mettre entre les mains de la jeunesse. Il contient des nouvelles, des contes, des biographies, des récits d'aventures et de voyages, des causeries sur l'histoire naturelle, la géographie, l'histoire sainte, les arts et l'industrie, etc., par

Mmes S. BLANDY, COLOMB, GUSTAVE DEMOULIN, EMMA D'ERWIN,
ZÉNAÏDE FLEURIOT, ANDRÉ GÉRARD, JULIE GOURAUD, MARIE MARÉCHAL,
L. MUSSAT, OUIDA, DE WITT NÉE GUIZOT

MM. A. ASSOLLANT, DE LA BLANCHÈRE, LÉON CAHUN,
RICHARD CORTAMBERT, ERNEST DAUDET, LOUIS ÉNAULT, J. GIRARDIN,
AIMÉ GIRON, AMÉDÉE GUILLEMIN, CH. JOLIET, ALBERT LÉVY,
ERNEST MENAULT, EUGÈNE MULLER, PAUL PELET, LOUIS ROUSSELET,
G. TISSANDIER, P. VINCENT, ETC.

et est

ILLUSTRÉ DE 7000 GRAVURES SUR BOIS

d'après les dessins de

É. BAYARD, PH. BENOIST, BERTALL, BONNAFOUX, BOUTET DE MONVEL,
CAIN, CASTELLI, CATENACCI, CRAFTY, C. DELORT,
HUBERT-CLERGET, FAGUET, FÉRAT, FERDINANDUS, GILBERT,
GODEFROY DURAND, KAUFFMANN, KOERNER, LIX, A. MARIE,
MESNEL, MOYNET, A. DE NEUVILLE, JULES NOEL, PHILIPPOTEAUX,
PRANISHNIKOFF, RÉGAMEY, RIOU, RONJAT, SAHIB, SANDOZ,
SORRIEU, TAYLOR, THÉROND, TOFANI, VALNAY, E. ZIER

CONDITIONS DE VENTE ET D'ABONNEMENT

LE JOURNAL DE LA JEUNESSE paraît le samedi de chaque semaine. Le prix du numéro, comprenant 16 pages grand in-8°, est de 40 centimes.

Les 52 numéros publiés dans une année forment deux volumes.

Prix de chaque volume, broché, 10 francs; cartonné en percaline rouge, tranches dorées, 12 francs.

PRIX DE L'ABONNEMENT
POUR PARIS ET LES DÉPARTEMENTS

Un an (2 volumes).............. 20 FRANCS
Six mois (1 volume)............. 10 —

Prix de l'abonnement pour les pays étrangers qui font partie de l'Union générale des postes : Un an, 22 fr.; six mois, 12 fr.

Les abonnements se prennent à partir du 1ᵉʳ décembre et du 1ᵉʳ juin de chaque année.

COLLECTION IN-8 A L'USAGE DE LA JEUNESSE

PRIX DE CHAQUE VOLUME, BROCHÉ, 5 FR.

CARTONNÉ EN PERCALINE A BISEAUX, TRANCHES DORÉES, 8 FR.

Assollant (A.) : *Montluc le Rouge*. 1re partie. 1 vol. illustré de 63 gravures d'après SAHIB.
— *Montluc le Rouge*. 2e partie. 1 vol. illustré de 44 gravures d'après SAHIB.
— *Pendragon*. 1 vol. illustré de 42 gravures d'après C. GILBERT.
Auerbach : *La fille aux pieds nus*. Nouvelle imitée de l'allemand par J. GOURDAULT. 1 vol. illustré de 72 gravures d'après VAUTIER.
Baker (S. W.) : *L'enfant du naufrage*. 1 vol. traduit de l'anglais par Mme FERNAND, et illustré de 10 gravures sur bois.
Cahun (L.) : *Les pilotes d'Ango*. 1 vol. illustré de 45 gravures d'après SAHIB.
— *Les Mercenaires*. 1 vol. illustré de 54 gravures d'après P. FRITEL, P. SELLIER, etc.
Colomb (Mme) : *Le violoneux de la Sapinière*. 1 vol. illustré de 85 gravures d'après A. MARIE.
— *La fille de Carilès*. 1 vol. illustré de 96 gravures d'après A. MARIE.
— *Deux mères*. 1 volume illustré de 133 gravures d'après A. MARIE.
— *Le bonheur de Françoise*. 1 vol. illustré de 112 gravures d'après A. MARIE.
— *Chloris et Jeanneton*. 1 vol. illustré de 105 gravures d'après SAHIB.
— *L'héritière de Vauclain*. 1 vol. illustré de 104 gravures d'après C. DELORT.
— *Franchise*. 1 volume illustré de 113 gravures d'après C. DELORT.
— *Feu de paille*. 1 vol. illustré de 98 gravures d'après TOFANI.
— *Les étapes de Madeleine*. 1 volume illustré de 104 gravures d'après TOFANI.
— *Denis le Tyran*. 1 volume illustré de 115 gravures d'après TOFANI.
— *Pour la muse*. 1 volume illustré de 105 gravures d'après TOFANI.
— *Pour la patrie*. 1 vol. illustré de 105 gravures d'après TOFANI.
Cortambert (E.) : *Voyage pittoresque à travers le monde*. 1 vol. illustré de 81 gravures sur bois.
— *Mœurs et caractères des peuples* (Europe, Afrique). 1 volume illustré de 60 gravures sur bois.
— *Mœurs et caractères des peuples* (Asie, Amérique, Océanie). 1 vol. illustré de 60 gravures sur bois.
Cortambert et Deslys : *Le pays du soleil*. 1 volume illustré de 35 gravures.
Daudet (E.) : *Robert Darnetal*. 1 vol. illustré de 81 gravures d'après SAHIB.
Demoulin (Mme G.) : *Les animaux étranges*. 1 vol. illustré de 172 gravures.
— *Les gens de bien*. 1 volume illustré de 32 gravures d'après GILBERT, etc.
Deslys (CH.) : *Courage et dévouement*. Histoire de trois jeunes filles

(La petite mère la Montégrine, l'Irlandaise). 1 vol. illustré de 31 gravures d'après LIX et GILBERT.
— L'Ami François. — Les Noménoé. — La petite Reine. 1 vol. illustré de 39 gravures.
— Nos Alpes. — Le muet de Brides. — Les légendes d'Évian. 1 vol. illustré de 39 gravures.
— La mère aux chats. — La balle d'Iéna. — La fille du rebouteur. — Le bien d'autrui. 1 vol. illustré de 40 gravures d'après JULES DAVID.

Énault (L.) : *Le chien du capitaine.* — *Trop curieux.* — *Les roses du docteur.* — *Le mont Saint-Michel.* 1 vol. illustré de 43 gravures d'après E. RIOU et KAUFFMANN.

Erwin (Mme E. d') : *Heur et malheur.* 1 vol. illustré de 50 gravures dessinées sur bois d'après H. CASTELLI.

Fath (G.) : *Le Paris des enfants.* 1 vol. illustré de 60 gravures d'après l'auteur.

Fleuriot (Mlle Z.) : *M. Nostradamus.* 1 vol. illustré de 36 gravures d'après A. MARIE.
— *La petite duchesse.* 1 vol. illustré de 75 gravures d'après A. MARIE.
— *Grandcœur.* 1 vol. illustré de 45 gravures d'après C. DELORT.
— *Raoul Daubry, chef de famille.* 1 vol. illustré de 32 gravures d'après C. DELORT.
— *Mandarine.* 1 vol. illustré de 95 gravures d'après C. DELORT.
— *Cadok.* 1 vol. illustré de 24 gravures d'après C. GILBERT.
— *Câline.* 1 vol. illustré de 102 gravures d'après G. FRAIPONT.
— *Feu et flamme.* 1 vol. illustré de 60 gravures d'après TOFANI.

Girardin (J.) : *Les braves gens.* 1 vol. illustré de 115 gravures d'après E. BAYARD.
— *Fausse route* (Souvenir d'un poltron. — La première faute. — Aveux d'un égoïste). 1 vol. illustré de 55 gravures d'après H. CASTELLI, A. MARIE et SAHIB.
— *La toute petite.* 1 vol. illustré de 128 gravures d'après E. BAYARD.
— *L'oncle Placide.* 1 vol. illustré de 139 gravures d'après A. MARIE.
— *Le neveu de l'oncle Placide.* 1re partie. A la recherche de l'héritier. 1 vol. illustré de 122 gravures d'après A. MARIE.
— *Le neveu de l'oncle Placide*, 2e partie. A la recherche de l'héritage. 1 vol. illustré de 98 gravures d'après A. MARIE.
— *Le neveu de l'oncle Placide*, 3e et dernière partie. L'héritage du vieux Cob. 1 vol. illustré de 147 gravures d'après A. MARIE.
— *Grand-Père.* 1 vol. illustré de 91 gravures d'après C. DELORT.
— *Maman.* 1 vol. illustré de 112 gravures d'après TOFANI.
— *Le roman d'un cancre.* 1 volume illustré de 119 gravures d'après TOFANI.
— *Les millions de la tante Zézé.* 1 vol. illustré de 112 gravures d'après TOFANI.
— *La famille Gaudry.* 1 vol. illustré de 112 gravures d'après TOFANI.

Gouraud (Mlle J.) : *Cousine Marie.* 1 vol. illustré de 36 gravures d'après A. MARIE.

Hayes (le docteur I.J.) : *Perdus dans les glaces.* 1 vol. traduit de l'anglais, par L. RENARD, et illustré de 58 gravures d'après CRÉPON, etc.

Henty (G.-A.) : *Les jeunes francs-tireurs.* 1 vol. traduit de l'anglais, par Mme L. ROUSSEAU, et illustré de 20 gravures d'après JANET-LANGE.

Kingston (W. H.) : *Une croisière autour du monde.* Ouvrage imité de l'anglais par J. BELIN DE LAUNAY. 1 vol. illustré de 44 gravures d'après RIOU.

Paulian (L.) : *La hotte du chiffonnier.* 1 vol. illustré de 60 gravures d'après J. FÉRAT.

Rousselet (L.) : *Le charmeur de serpents.* 1 vol. illustré de 68 gravures d'après A. MARIE.

— *Le fils du connétable.* 1 vol. illustré de 114 gravures d'après PRANISHNIKOFF.

— *Les deux mousses.* 1 vol. illustré de 90 gravures d'après SAHIB.

— *Le tambour du Royal-Auvergne.* 1 vol. illustré de 115 gravures d'après F. POIRSON.

— *La peau du tigre.* 1 vol. illustré de 102 gravures d'après BELLECROIX.

Saintine : *La nature et ses trois règnes,* causeries et contes d'un bon papa sur l'histoire naturelle. 1 vol. illustré de 171 gravures d'après FOULQUIER et FAGUET.

— *La mythologie du Rhin et les Contes de la Mère-Grand.* 1 vol. illustré de 160 gravures d'après Gustave DORÉ.

Stanley (H.) : *La terre de servitude.* 1 vol. traduit de l'anglais par LEVOISIN et illustré de 21 gravures d'après P. PHILIPPOTEAUX.

Tissot et Améro : *Aventures de trois fugitifs en Sibérie.* 1 vol. illustré de 72 gravures d'après PRANISHNIKOFF.

Tom Brown, scènes de la vie de collège en Angleterre. Ouvrage imité de l'anglais par J. GIRARDIN. 1 vol. illustré de 69 gravures d'après GODEFROY DURAND.

Witt (Mme de), née GUIZOT : *Une sœur.* 1 vol. illustré de 65 gravures sur bois d'après É. BAYARD.

— *Scènes historiques.* 1re série. 1 vol. illustré de 18 gravures sur bois d'après E. BAYARD.

— *Scènes historiques.* 2e série. 1 vol. illustré de 28 gravures sur bois d'après A. MARIE et SAHIB.

— *Lutin et démon; A la rescousse! De glaçons en glaçons.* Scènes historiques. 3e série. 1 vol. illustré de 36 gravures sur bois d'après PRANISHNIKOFF et E. ZIER.

— *Normands et Normandes.* Scènes historiques. 4e série. 1 vol. illustré de 70 gravures sur bois d'après E. ZIER.

— *Légendes et récits pour la jeunesse.* 1 vol. illustré de 18 gravures sur bois d'après PHILIPPOTEAUX.

— *Un nid.* 1 vol. illustré de 63 gravures sur bois d'après FERDINANDUS.

— *Un jardin suspendu. — Un village primitif. — Le tapis des quatre facardins.* 1 vol. illustré de 40 gravures d'après SEMECHINI et C. GILBERT.

BIBLIOTHÈQUE DES PETITS ENFANTS

DE 4 A 8 ANS

FORMAT IN-16

CHAQUE VOLUME, BROCHÉ, 2 FR. 25

CARTONNÉ EN PERCALINE BLEUE, TRANCHES DORÉES, 3 FR. 50

Ces volumes sont imprimés en gros caractères.

Cheron de la Bruyère (Mme) *Contes à Pépée.* 1 vol. illustré de 24 gravures d'après GRIVAZ.

Colomb (Mme) : *Les infortunes de Chouchou.* 1 vol. illustré de 48 gravures d'après RIOU.

Duporteau (Mme) : *Petits récits.* 1 vol. illustré de 28 gravures d'après TOFANI.

Erwin (Mme E. d') : *Un été à la campagne.* 1 vol. illustré de 39 gravures d'après SAHIB.

Franck (Mme E.) : *Causeries d'une grand'mère.* 1 vol. illustré de 72 gravures d'après C. DELORT.

Fresneau (Mme) née DE SÉGUR: *Une année du petit Joseph.* Ouvrage imité de l'anglais. 1 vol. illustré de 30 gravures d'après JEANNIOT.

Girardin (J.) : *Quand j'étais petit garçon.* 1 vol. illustré de 52 gravures d'après A. FERDINANDUS.

Molesworth (M^{rs}) : *Les aventures de M. Baby.* 1 volume traduit de l'anglais par Mme de WITT, et illustré de 12 gravures d'après WALTER CRANE.

Pape-Carpantier (Mme) : *Nouvelles histoires et leçons de choses.* 1 vol. illustré de 42 gravures d'après SEMECHINI.

Surville (A.): *Les grandes vacances* 1 vol. illustré de 30 gravures d'après SEMECHINI.

Witt (Mme de), née GUIZOT : *Histoire de deux petits frères.* 1 vol. illustré de 45 grav. d'après TOFANI.

— *Sur la plage.* 1 vol. illustré de 55 gravures, d'après FERDINANDUS.

— *Par monts et par vaux.* 1 vol. illustré de 60 gravures d'après FERDINANDUS.

— *Vieux amis.* 1 vol. illustré de 60 gravures d'après FERDINANDUS.

— *En pleins champs.* 1 vol. illustré de 40 gravures d'après C GILBERT

BIBLIOTHÈQUE ROSE ILLUSTRÉE

FORMAT IN-16

CHAQUE VOLUME, BROCHÉ, 2 FR. 25

CARTONNÉ EN PERCALIE ROUGE, TRANCHES DORÉES, 3 FR. 50

Ire SÉRIE, POUR LES ENFANTS DE 4 A 8 ANS

Anonymes : *Chien et chat.* 1 vol. traduit de l'anglais et illustré de 45 gravures d'après E. BAYARD.

— *Douze histoires pour les enfants de quatre à huit ans*, par une mère de famille. 1 vol. illustré de 8 gravures d'après BERTALL.

— *Les enfants d'aujourd'hui*, par le même auteur. 1 vol. illustré de 40 gravures d'après BERTALL.

Carraud (Mme) : *Historiettes véritables*, pour les enfants de quatre à huit ans. 1 vol. illustré de 94 gravures d'après G. FATH.

Fath (GEORGES) : *La sagesse des enfants*, proverbes. 1 vol. illustré de 100 gravures d'après l'auteur.

Laroque (Mme) : *Grands et petits.* 1 vol. illustré de 61 gravures d'après BERTALL.

Marcel (Mme J.) : *Histoire d'un cheval de bois.* 1 vol. illustré de 20 gravures d'après E. BAYARD.

Pape-Carpantier (Mme) : *Histoires et leçons de choses pour les enfants.* 1 vol. illustré de 85 gravures d'après BERTALL.

Ouvrage couronné par l'Académie française.

Perrault, MM^{mes} d'Aulnoy et Leprince de Beaumont : *Contes de fées.* 1 vol. illustré de 65 gravures d'après BERTALL et FOREST.

Porchat (J.) : *Contes merveilleux.* 1 vol. illustré de 21 gravures d'après BERTALL.

Schmid (LE CHANOINE) : *190 contes pour les enfants.* 1 vol. traduit de l'allemand par ANDRÉ VAN HASSELT et illustré de 29 gravures sur bois d'après BERTALL.

Ségur (Mme LA COMTESSE DE) : *Nouveaux contes de fées.* 1 vol. illustré de 46 gravures d'après GUSTAVE DORÉ et H. DIDIER.

IIe SÉRIE, POUR LES ENFANTS DE 8 A 14 ANS

Achard (A.) : *Histoire de mes amis.* 1 vol. illustré de 25 gravures d'après ERN. BELLECROIX, A. MESNEL, etc.

Alcott (MISS) : *Sous les lilas.* 1 vol. traduit de l'anglais par Mme S. LEPAGE, et illustré de 23 gravures.

Andersen : *Contes choisis*, traduits du danois par SOLDI. 1 vol. illustré de 40 gravures d'après BERTALL.

Anonyme : *Les fêtes d'enfants*, scènes et dialogues, avec une préface de M. l'abbé BAUTAIN. 1 vol. illustré de 41 gravures d'après FOULQUIER.

Assollant (A.) : *Les aventures merveilleuses mais authentiques du capitaine Corcoran*. 2 vol. illustrés de 50 gravures, d'après A. DE NEUVILLE.

Barrau (Th.) : *Amour filial*. 1 vol. illustré de 41 gravures d'après FEROGIO.

Bawr (Mme de) : *Nouveaux contes* 1 vol. illustré de 40 gravures d'après BERTALL.
Ouvrage couronné par l'Académie française.

Belèze : *Jeux des adolescents*. 1 vol. ill. de 140 grav. d'après COPPIN.

Berquin : *Choix de petits drames et de contes*. 1 vol. illustré de 36 gravures d'après FOULQUIER, etc.

Berthet (E.) : *L'enfant des bois*. 1 vol. illustré de 61 gravures.

Blanchère (De la) : *Les aventures de la Ramée*. 1 vol. illustré de 36 gravures d'après E. FOREST.

— *Oncle Tobie le pêcheur*. 1 vol. illustré de 80 gravures d'après FOULQUIER et MESNEL.

Boiteau (P.) : *Légendes* recueillies ou composées pour les enfants. 1 vol. ill. de 42 grav. d'après BERTALL.

Carpentier (Mlle E.) : *La maison du Bon Dieu*. 1 vol. illustré de 58 gravures d'après RIOU.

— *Sauvons-le !* 1 vol. illustré de 60 gravures d'après RIOU.

— *La maison fermée*. 1 vol. illustré de 43 gravures d'après P. GIRARDET.

Carraud (Mme Z.) : *Les goûters de la grand'mère*. 1 vol. ill. de 18 grav. d'après E. BAYARD.

— *La petite Jeanne ou le devoir*. 1 vol. illustré de 21 grav. d'après FOREST.

— *Les métamorphoses d'une goutte d'eau*. 1 vol. illustré de 50 gravures d'après E. BAYARD.

Castillon (A.) : *Les récréations physiques*. 1 vol. illustré de 36 gravures d'après CASTELLI.

— *Les récréations chimiques*, ouvrage faisant suite aux *Récréations physiques*. 1 vol. illustré de 34 gravures d'après H. CASTELLI.

Cazin (Mme J.) : *Les petits montagnards*. 1 vol. illustré de 51 gravures d'après G. VUILLIER.

— *Un drame dans la montagne*. 1 vol. illustré de 33 grav. d'après G. VUILLIER.

— *Histoire d'un pauvre petit*. 1 vol. illustré de 40 gravures d'après TOFANI.

Chabreul (Mme DE) : *Jeux et exercices des jeunes filles*. 1 vol. illustré de 62 gravures d'après FATH, et contenant la musique des rondes.

Colet (Mme L.) : *Enfances célèbres*. 1 vol. illustré de 50 grav. d'après FOULQUIER.

Contes allemands, imités de HEBEL et de KARL SIMROCK par M. MARTIN. 1 vol. illustré de 27 gravures d'après BERTALL.

Contes anglais, traduits par Mme DE WITT. 1 vol. illustré de 43 gravures d'après MORIN.

Deslys (Ch.) : *Grand'maman*. 1 vol. illustré de 29 gravures d'après ZIER.

Edgeworth (Miss) : *Contes de l'adolescence*, traduits par A. LE FRANÇOIS. 1 vol. illustré de 42 gravures d'après MORIN.

— *Contes de l'enfance*, traduits par LE MÊME. 1 vol. illustré de 26 gravures d'après FOULQUIER.

— *Demain et Mourad le malheureux*, contes traduits par H. JOUSSELIN. 1 vol. illustré de 38 gravures d'après BERTALL.

Fénelon : *Fables*. 1 vol. illustré de 29 gravures d'après FOREST et É. BAYARD.

Fleuriot (Mlle Z.) : *Cadette*. 1 vol. illustré de 52 gravures d'après TOFANI.
— *En congé*. 1 vol. illustré de 61 gravures d'après Ad. MARIE.
— *Bigarette*. 1 vol. illustré de 48 gravures d'après Ad. MARIE.
— *Le petit chef de famille*. 1 vol. illustré de 57 gravures d'après H. CASTELLI.
— *Plus tard ou le jeune chef de famille*. 1 vol. illustré de 60 gravures d'après É. BAYARD.
— *L'enfant gâté*. 1 vol. illustré de 48 gravures d'après FERDINANDUS.
— *Tranquille et Tourbillon*. 1 vol. illustré de 45 gravures d'après C. DELORT.
— *Bouche-en-Cœur*. 1 vol. illustré de 45 gravures d'après TOFANI.

Foë (de) : *La vie et les aventures de Robinson Crusoé*. Édition abrégée. 1 vol. illustré de 40 gravures.

Fonvielle (W. de) : *Néridah*. 2 vol. illustrés de 45 gravures d'après SAHIB.

Genlis (Mme de) : *Contes moraux*. 1 vol. illustré de 40 gravures d'après FOULQUIER, etc.

Gérard (A.) : *Petite Rose. — Grande Jeanne*. 1 vol. illustré de 28 gravures d'après GILBERT.

Girardin (J.) : *La disparition du grand Krause*. 1 vol. illustré de 70 gravures d'après KAUFFMANN.

Giron (A.) : *Ces pauvres petits !* 1 vol. illustré de 22 gravures d'après B. DE MONVEL, FERDINANDUS et SANDOZ.

Gouraud (Mlle J.) : *Les petits voisins*. 1 vol. illustré de 39 gravures d'après C. GILBERT.
— *Les filles du professeur*. 1 vol. illustré de 36 gravures d'après KAUFFMANN.
— *La petite maîtresse de maison*. 1 vol. illustré de 37 gravures d'après A. MARIE.
— *Les deux enfants de Saint-Domingue*. 1 vol. illustré de 54 gravures d'après É. BAYARD.
— *Les quatre pièces d'or*. 1 vol. illustré de 54 gravures d'après É. BAYARD.
— *Le livre de maman*. 1 vol. illustré de 68 grav. d'après É. BAYARD.
— *Cécile, ou la petite sœur*. 1 vol. illustré de 26 gravures d'après DESANDRÉ.
— *Les enfants de la ferme*. 1 vol. illustré de 59 gravures d'après É. BAYARD.
— *Le petit colporteur*. 1 vol. illustré de 27 gravures d'après A. DE NEUVILLE.
— *L'enfant du guide*. 1 vol. illustré de 60 gravures d'après É. BAYARD.
— *Les mémoires d'un caniche*. 1 vol. illustré de 75 gravures d'après É. BAYARD.
— *Les mémoires d'un petit garçon*. 1 vol. illustré de 86 gravures d'après É. BAYARD.
— *Lettres de deux poupées*. 1 vol. illustré de 59 gravures d'après OLIVIER.
— *Petite et grande*. 1 vol. illustré de 48 gravures d'après É. BAYARD.
— *La famille Harel*. 1 vol. illustré de 44 gravures d'après VALNAY.
— *Aller et retour*. 1 vol. illustré de 40 gravures d'après FERDINANDUS.
— *Chez grand'mère*. 1 vol. illustré de 98 gravures d'après TOFANI.
— *Le petit bonhomme*. 1 vol. illustré de 45 gravures d'après A. FERDINANDUS.
— *Le vieux château*. 1 vol. illustré de 28 gravures d'après E. ZIER.
— *Pierrot*. 1 vol. illustré de 31 gravures d'après E. ZIER.

Grimm (les frères) : *Contes choisis*, traduits par Ferd. BAUDRY. 1 vol. illus. de 44 gravures d'après BERTALL.

Hauff : *La caravane*. 1 vol. traduit par A. TALON, illustré de 46 gravures d'après BERTALL.

— *L'auberge du Spessart*. 1 vol. traduit par A. TALON, illustré de 64 gravures d'après BERTALL.

Hawthorne : *Le livre des merveilles*, traduit de l'anglais par L. RABILLON. 2 vol. illustrés de 40 gravures d'après BERTALL.

Chaque volume se vend séparément.

Johnson (R. B.) : *Dans l'extrême Far West*. Aventures d'un émigrant dans la Colombie anglaise, traduites de l'anglais par A. TALANDIER. 1 vol. illustré de 20 gravures d'après A. MARIE.

Marcel (Mme J.) : *L'école buissonnière*. 1 vol. illustré de 20 gravures d'après A. MARIE.

— *Le bon frère*. 1 vol. illustré de 21 gravures d'après É. BAYARD.

— *Les petits vagabonds*. 1 vol. illustré de 25 grav. d'après É. BAYARD.

— *Histoire d'une grand'mère et de son petit-fils*. 1 vol. illustré de 36 gravures d'après C. DELORT.

— *Daniel*. 1 vol. illustré de 45 gravures d'après RIOU.

— *Le frère et la sœur*. 1 vol. illustré de 45 gravures d'après E. ZIER.

— *Un bon gros pataud*. 1 vol. illustré de 45 gravures d'après JEANNIOT.

Maréchal (Mlle M.) : *La dette de Ben-Aïssa*. 1 vol. illustré de 20 gravures d'après BERTALL.

— *Nos petits camarades*, récits familiers. 1 vol. illustré de 18 gravures d'après H. CASTELLI, etc.

— *La maison modèle*. 1 vol. illustré de 42 gravures d'après SAHIB.

Marmier (X.) : *L'arbre de Noël*. 1 vol. illustré de 68 gravures d'après BERTALL.

Martignat (Mlle de) : *Ginette*. 1 vol. illustré de 50 gravures d'après TOFANI.

— *Les vacances d'Élisabeth*. 1 vol. illustré de 36 gravures d'après KAUFFMANN.

— *L'oncle Boni*. 1 vol. illustré de 42 gravures d'après GILBERT.

— *Le manoir d'Yolan*. 1 vol. illustré de 56 gravures d'après TOFANI.

— *Le pupille du général*. 1 vol. illustré de 40 gravures d'après TOFANI.

— *L'héritière de Maurivèze*. 1 vol. illustré de 39 gravures d'après POIRSON.

— *Une vaillante enfant*. 1 vol. illustré de 43 gravures par TOFANI.

Mayne-Reid (LE CAPITAINE) : *Les chasseurs de girafes*. 1 vol. traduit de l'anglais par H. VATTEMARE, et illustré de 10 gravures d'après A. DE NEUVILLE.

— *A fond de cale*. 1 vol. traduit de l'anglais par Mme H. LOREAU, illustré de 12 gravures.

— *A la mer!* 1 vol. traduit par Mme H. LOREAU, illustré de 12 gravures.

— *Les chasseurs de plantes*. 1 vol. traduit par Mme H. LOREAU, illustré de 29 gravures.

— *Bruin ou les chasseurs d'ours*. 1 vol. traduit par A. LETELLIER illustré de 8 gravures.

— *L'habitation du désert*. 1 vol. traduit par A. LE FRANÇOIS, illustré de 24 gravures.

— *Les exilés dans la forêt*. 1 vol. traduit par Mme H. LOREAU, illustré de 12 gravures.

— *Les grimpeurs de rochers*. 1 vol. traduit par Mme H. LOREAU, illustré de 20 gravures.

— *Les peuples étranges*. 1 vol. traduit par Mme H. LOREAU, illustré de 24 gravures.

— *Les vacances des jeunes Boërs.* 1 vol. traduit par Mme H. LOREAU, illustré de 12 gravures.
— *Les veillées de chasse.* 1 vol. traduit par H.-B. RÉVOIL, illustré de 43 gravures d'après FREEMAN.
— *La chasse au Léviathan.* 1 vol. illustré de 51 gravures d'après A. FERDINANDUS et TH. WEBER.

Muller (E.) : *Robinsonnette.* 1 vol. illustré de 22 gravures d'après LIX.

Ouida : *Le petit comte.* 1 vol. illustré de 34 gravures d'après G. VULLIER, TOFANI, etc.

Peyronny (Mme DE), née d'ISLE : *Deux cœurs dévoués*, 1 vol. illustré de 53 gravures d'après J. DEVAUX.

Pitray (Mme DE) : *Les enfants des Tuileries.* 1 vol. illustré de 29 gravures d'après É. BAYARD.
— *Les débuts du gros Philéas.* 1 vol. illustré de 57 gravures d'après H. CASTELLI.
— *Le château de la Pétaudière.* 1 vol. illustré de 78 gravures d'après A. MARIE.
— *Le fils du maquignon.* 1 vol. illustré de 65 gravures d'après RIOU.

Rendu (V.) : *Mœurs pittoresques des insectes.* 1 vol. illustré de 49 gravures.

Rostoptchine (Mme LA COMTESSE) : *Belle, Sage et Bonne.* 1 vol. illustré de 39 gravures d'après FERDINANDUS.

Sandras (Mme) : *Mémoires d'un lapin blanc.* 1 vol. illustré de 20 gravures d'après E. BAYARD.

Sannois (Mlle LA COMTESSE DE) : *Les soirées à la maison.* 1 vol. illustré de 42 gravures d'après É. BAYARD.

Ségur (Mme LA COMTESSE DE) : *Après la pluie, le beau temps.* 1 vol. illustré de 128 gravures d'après É. BAYARD.
— *Comédies et proverbes.* 1 vol. illustré de 60 gravures d'après É. BAYARD.
— *Diloy le chemineau.* 1 vol. illustré de 90 grav. d'après H. CASTELLI.
— *François le Bossu.* 1 vol. illustré de 114 gravures d'après É. BAYARD.
— *Jean qui grogne et Jean qui rit* 1 vol. illustré de 70 gravures d'après CASTELLI.
— *La fortune de Gaspard.* 1 vol. illustré de 52 grav d'après GERLIER.
— *La sœur de Gribouille.* 1 vol. illustré de 72 gravures d'après H. CASTELLI.
— *Pauvre Blaise!* 1 vol. illustré de 65 gravures d'après H. CASTELLI.
— *Quel amour d'enfant!* 1 vol. illustré de 79 gravures d'après É. BAYARD.
— *Un bon petit diable.* 1 vol. illustré de 100 gravures d'après H. CASTELLI.
— *Le mauvais génie.* 1 vol. illustré de 90 gravures d'après E. BAYARD.
— *L'auberge de l'ange gardien.* 1 vol. illustré de 75 gravures d'après FOULQUIER.
— *Le général Dourakine.* 1 vol. illustré de 100 gravures d'après É. BAYARD.
— *Les bons enfants.* 1 vol. illustré de 70 gravures d'après FEROGIO.
— *Les deux nigauds.* 1 vol. illustré de 76 gravures d'après H. CASTELLI.
— *Les malheurs de Sophie.* 1 vol. illustré de 48 gravures d'après H. CASTELLI.
— *Les petites filles modèles.* 1 vol illustré de 21 gravures d'après BERTALL.
— *Les vacances.* 1 vol. illustré de 36 gravures d'après BERTALL.
— *Mémoires d'un âne.* 1 vol. illustré de 75 grav. d'après H. CASTELLI.

Stolz (Mme de) : *Les mésaventures de Mlle Thérèse*. 1 vol. illustré de 29 gravures d'après CHARLES.
— *Quatorze jours de bonheur*. 1 vol. illustré de 45 gravures d'après BERTALL
— *Les vacances d'un grand-père*. 1 vol. illustré de 40 gravures d'après G. DELAFOSSE.
— *Les poches de mon oncle*. 1 vol. illustré de 20 gravures d'après BERTALL.
— *Par-dessus la haie*. 1 vol. illustré de 56 gravures d'après A. MARIE.
— *La maison roulante*. 1 vol. illustré de 20 gravures sur bois d'après É. BAYARD.
— *Le trésor de Nanette*. 1 vol. illustré de 24 gravures d'après É. BAYARD.
— *Blanche et noire*. 1 vol. illustré de 54 gravures d'après É. BAYARD.
— *Le vieux de la forêt*. 1 vol. illustré de 32 gravures d'après SAHIB.
— *Le secret de Laurent*. 1 vol. illustré de 32 gravures d'après SAHIB.
— *Les deux reines*. 1 vol. illustré de 32 gravures d'après DELORT.
— *Les frères de lait*. 1 vol. illustré de 42 gravures d'après ZIER.
— *Magali*. 1 vol. illustré de 36 gravures d'après TOFANI.
— *La maison blanche*. 1 vol. illustré de 35 gravures d'après TOFANI.
— *Les deux André*. 1 vol. illustré de 46 gravures d'après TOFANI.

Swift : *Voyages de Gulliver à Lilliput, à Brobdingnag et au pays des Houyhnhums*, traduits et abrégés à l'usage des enfants. 1 vol. illustré de 57 gravures d'après E. FOREST.

Taulier : *Les deux petits Robinsons de la Grande-Chartreuse*. 1 vol. illustré de 69 gravures d'après É. BAYARD et HUBERT CLERGET.

Tournier : *Les premiers chants* poésies à l'usage de la jeunesse, illustrées de 20 gravures d'après GUSTAVE ROUX.

Vimont (CH.) : *Histoire d'un navire*. 1 vol. illustré de 40 gravures d'après ALEX. VIMONT.

Witt (Mme DE), née GUIZOT : *La petite fille aux grand'mères*. 1 vol. illustré de 36 gravures d'après BEAU.
— *Enfants et parents*, petits tableaux de famille. 1 vol. illustré de 34 gravures d'après A. DE NEUVILLE.
— *En quarantaine*. 1 vol. illustré de 48 gravures d'après FERDINANDUS.

IIIe SÉRIE, POUR LES ENFANTS ADOLESCENTS

ET POUVANT FORMER UNE BIBLIOTHÈQUE POUR LES JEUNES FILLES DE 14 A 18 ANS

VOYAGES

Agassiz (M. et Mme) : *Voyage au Brésil*, abrégé sur la traduction de F. VOGELI par J. BELIN DE LAUNAY. 1 vol. contenant 16 gravures et 1 carte.

Aunet (Mme d') : *Voyage d'une femme au Spitzberg*. 1 vol. illustré de 34 gravures.

Baines : *Voyages dans le sud-ouest de l'Afrique*, traduits et abrégés par J. BELIN DE LAUNAY. 1 vol. contenant 1 carte et 22 gravures.

Baker : *Le lac Albert N'yanza*. Voyage aux sources du Nil. 1 vol. abrégé sur la taduction de Gustave Masson, par Belin de Launay, et contenant 16 gravures sur bois et 1 carte.

Baldwin : *Du Natal au Zambèze (1861-1865)*. Récits de chasses, traduits par Mᵐᵉ Henriette Loreau, et abrégés par J. Belin de Launay. 1 vol. illustré de 24 gravures et 1 carte.

Burton (le capitaine) : *Voyages à la Mecque, aux grands lacs d'Afrique et chez les Mormons*, traduits et abrégés par J. Belin de Launay. 1 vol. contenant 12 gravures et 3 cartes.

Catlin : *La vie chez les Indiens*, traduit de l'anglais. 1 vol. illustré de 25 gravures.

Fonvielle (W. de) : *Le glaçon du Polaris*. 1 volume illustré de 19 gravures.

Hayes (Dʳ) : *La mer libre du pôle*. Édition abrégée par J. Belin de Launay. 1 vol. contenant 14 gravures et 1 carte.

Hervé et de Lanoye : *Voyages dans les glaces du pôle arctique*. 1 vol. illustré de 40 gravures.

Lanoye (F. de) : *Le Nil et ses sources*. 1 vol. contenant 32 gravures et des cartes.

— *La mer polaire*, voyage de l'*Érèbe* et de *la Terreur*, et expédition à la recherche de Franklin. 1 vol. contenant 29 gravures et des cartes.

— *La Sibérie*. 1 vol. illustré de 48 gravures d'après Lebreton, etc.

— *Les grandes scènes de la nature*. 1 vol. illustré de 40 gravures.

— *Ramsès le Grand, ou l'Égypte il y a trois mille trois cents ans*. 1 vol. illustré de 39 gravures d'après Lancelot, E. Bayard, etc.

Livingstone David et Charles *Explorations dans l'Afrique australe*, abrégées par J. Belin de Launay. 1 vol. contenant 20 gravures et 1 carte.

Livingstone (D.) : *Dernier journal*. Édition abrégée par J. Belin de Launay. 1 vol. contenant 15 gravures et 1 carte.

Mage (L.) : *Voyages dans le Soudan occidental*. Édition abrégée par J. Belin de Launay. 1 vol. contenant 16 gravures et 1 carte.

Milton et **Cheadle** : *Voyage de l'Atlantique au Pacifique*, traduit et abrégé par J. Belin de Launay. 1 volume contenant 16 gravures et 2 cartes.

Mouhot (Ch.) : *Voyage dans le royaume de Siam, le Cambodge et le Laos*. 1 vol. contenant 28 gravures et 1 carte.

Palgrave (W. G.) : *Une année dans l'Arabie centrale*. Édition abrégée par J. Belin de Launay. 1 vol. contenant 12 gravures, 1 portrait et 1 carte.

Perron d'Arc : *Aventures d'un voyageur en Australie, neuf mois chez les Nagarnooks*. 1 vol. illustré de 24 gravures d'après Lix.

Pfeiffer (Mᵐᵉ) : *Voyages autour du Monde*. 1 vol. illustré de 16 gravures.

Piotrowski : *Souvenirs d'un Sibérien*. 1 vol. illustré de 10 gravures d'après A. Marie.

Schweinfurth (Dʳ) : *Au cœur de l'Afrique (1866-1871)*. Traduction de Mᵐᵉ H. Loreau, abrégée par J. Belin de Launay. 1 vol. contenant 16 gravures et 1 carte.

Speke : *Les sources du Nil*, édition abrégée par J. Belin de Launay. 1 vol. contenant 24 gravures et 3 cartes.

Stanley : *Comment j'ai retrouvé Livingstone.* Traduction de Mme Loreau, abrégée par J. Belin de Launay. 1 vol. contenant 16 gravures et 1 carte.

Vambéry : *Voyages d'un faux derviche dans l'Asie centrale*, traduits de l'anglais par E. D. Forgues, abrégés par J. Belin de Launay. 1 vol. contenant 18 gravures et une carte.

HISTOIRE

Le loyal serviteur : *Histoire du gentil seigneur de Bayard*, revue et abrégée, à l'usage de la jeunesse, par Alph. Feillet. 1 vol. illustré de 36 gravures d'après P. Sellier.

Monnier (M.) : *Pompéi et les Pompéiens.* Édition à l'usage de la jeunesse. 1 vol. illustré de 25 gravures d'après Thérond.

Plutarque : *Vie des Grecs illustres*, édition abrégée sur la traduction de M. E. Talbot, par A. Feillet. 1 vol. illustré de 53 gravures d'après P. Sellier.

— *Vie des Romains illustres*, édition abrégée par A. Feillet sur la traduction de M. Talbot. 1 vol. illustré de 69 gravures d'après P. Sellier.

Retz (Le cardinal de) : *Mémoires* abrégés par A. Feillet. 1 vol. illustré de 35 gravures d'après Gilbert, etc.

LITTÉRATURE

Bernardin de Saint-Pierre : *Œuvres choisies.* 1 vol. illustré de 12 gravures d'après É. Bayard.

Cervantès : *Histoire de l'admirable don Quichotte de la Manche.* 1 vol. illustré de 64 gravures d'après Bertall et Forest.

Homère : *L'Iliade et l'Odyssée*, traduites par P. Giguet, abrégées par Alph. Feillet. 1 vol. illustré de 33 gravures d'après Olivier.

Le Sage : *Aventures de Gil Blas*, édition destinée à l'adolescence. 1 vol. illustré de 50 gravures d'après Leroux.

Mac-Intosch (Miss) : *Contes américains*, traduits par Mme Dionis. 2 vol. illustrés de 50 gravures d'après É. Bayard.

Maistre (X. de) : *Œuvres choisies.* 1 vol. illustré de 15 gravures d'après É. Bayard.

Molière : *Œuvres choisies*, abrégées à l'usage de la jeunesse. 2 vol. illustrés de 22 gravures d'après Hillemacher.

Virgile : *Œuvres choisies*, traduites et abrégées à l'usage de la jeunesse, par Th. Barrau. 1 vol. illustré de 20 gravures d'après P. Sellier.

OUVRAGE COMPLÈTEMENT TERMINÉ

ATLAS MANUEL
DE GÉOGRAPHIE MODERNE

Contenant cinquante-quatre cartes

IMPRIMÉES EN COULEURS

Un volume in-folio, relié. . . . . 32 francs.

LISTE DES CARTES COMPOSANT L'ATLAS MANUEL

*(Les cartes doubles sont précédées du signe *.)*

1. Système planétaire. — Lune.
*2. Terre en deux hémisphères.
3. Volcans et coraux.
4. Pôle antarctique. — Archipels de Polynésie.
*5. Pôle arctique.
6 Océan Atlantique.
7 Grand Océan.
*8. Europe politique.
9. Europe physique hypsométrique. — Massif du Mont-Blanc.
10. Côtes méditerranéennes de la France. — Bassins de Paris.
*11. France physique hypsométrique.
12. France. (Partie Nord-Ouest.)
13. France. (Partie Nord-Est.)
*14. France politique.
15. France. (Partie Sud-Ouest.)
16. France. (Partie Sud-Est.)
*17. Grande-Bretagne et Irlande.
18. Pays-Bas.
19. Belgique et Luxembourg.
*20. Allemagne politique.
21. Danemark.
22. Suède et Norvège.
*23. Suisse.
24. Italie du Nord.
25. Italie du Sud.
*26. Espagne et Portugal.
27. Méditerranée occidentale.
28. Méditerranée orientale

*29. Presqu'île des Balkans.
30. Grèce.
31. Hongrie.
*32. Monarchie Austro-Hongroise.
33. Alpes Franco-Italiennes.
34. Caucasie.
*35. Russie d'Europe.
36. Pologne.
37. Asie Mineure et Perse.
*38. Asie physique et politique.
39. Chine et Japon.
40. Indo-Chine et Malaisie.
*41. Asie centrale et Inde.
42. Palestine.
43. Région du Nil.
*44. Afrique physique et politique.
45. Algérie.
46. Sénégambie. — Côte de Guinée. — *Afrique du Sud.
*47. Amérique du Nord.
48. Amérique du Sud. (Feuille septentrionale.)
49. Amérique du Sud. (Feuille méridionale.)
50. États-Unis d'Amérique.
*51. États-Unis. (Partie occidentale.)
52. États-Unis. (Partie orientale.)
53. Australie et Nouvelle-Zélande.
54. Amérique centrale et Antilles. — Isthme de Panama.

MON JOURNAL

RECUEIL MENSUEL POUR LES ENFANTS DE CINQ A DIX ANS

PUBLIÉ SOUS LA DIRECTION DE

Mme Pauline KERGOMARD et de M. Charles DEFODON

3me année (1883-1884)

PRIX DE L'ABONNEMENT PAR AN......... 1 FR. 80

PRIX DU NUMÉRO....... 15 CENTIMES.

Il paraît un numéro le 15 de chaque mois depuis le 15 octobre 1881.

Les abonnements partent du 15 de chaque mois.

L'année 1882-1883 est en vente et forme :

1 volume { Broché............. 2 fr.
          { Cartonné.......... 2 fr. 50

L'année 1881-1882 (Première du recueil) est épuisée.

———›››✕‹‹‹———

N. B. — Toute personne qui enverra à la librairie HACHETTE ET Cie six abonnements NOUVEAUX à MON JOURNAL, dans le délai d'un mois, aura le droit de demander *gratuitement* un septième abonnement pour l'enfant qu'elle désignera.

———

Imprimeries réunies, A, rue Mignon, 2, Paris.

3963. — Imprimerie A. Lahure, rue de Fleurus, 9, à Paris.

www.ingramcontent.com/pod-product-compliance
Lightning Source LLC
Chambersburg PA
CBHW071911230426
43671CB00010B/1568